12 Erstkommunionfeiern mit Symbolen

Veröffentlichungen von Willi Hoffsümmer im gleichen Verlag

Für die Gottesdienstgestaltung
Bausteine für Familiengottesdienste. Die Evangelien der Sonn- und Feiertage in Symbolen, Geschichten, Spielen und Bildern – Lesejahr A (^{3}1998); – Lesejahr B (^{3}1997); – Lesejahr C (^{2}1995); Bausteine für Familiengottesdienste. Besondere Anlässe im Kirchenjahr ... (1996); Seniorengottesdienste 1: 177 Gottesdienste für ältere Menschen und andere Altersgruppen (^{2}1991); Seniorengottesdienste 2: 166 Gottesdienste ... (1994); 111 Bausteine für Gottesdienste mit 3–7jährigen und religiöse Feiern im Kindergarten (^{5}1995); Gottes Spur in der Schöpfung. 200 Ideen für Feriengottesdienste und Freizeiten (^{2}1993); 2 x 11 Bußfeiern mit Gegenständen aus dem Alltag (^{4}1995); 3 x 7 Bußfeiern mit Gegenständen aus dem Alltag (^{2}1996); Umkehr. 25 Bußfeiern mit Gegenständen aus dem Alltag (1996); Anschaulich verkündigen. 30 Ideen zur kreativen Gottesdienstgestaltung (1998); 15 Aufnahmefeiern für Ministrantinnen und Ministranten. Mit Zeichen und Symbolen (1998)

Zeichen- und Symbolpredigten
Anschauliche Predigten für Kinder-, Jugend- und Familiengottesdienste (^{5}1993); 144 Zeichenpredigten durch das Kirchenjahr. Mit Gegenständen aus dem Alltag (^{7}1998); 99 Kinderpredigten (^{4}1996); 133 Kinderpredigten (^{9}1996); 122 Symbolpredigten durch das Kirchenjahr. Für Kinder, Jugendliche und Erwachsene (^{3}1994); 88 Symbolpredigten durch das Kirchenjahr (^{2}1995); 9 x 10 Symbolpredigten durch das Kirchenjahr (^{2} 1999); Lexikon alter und neuer Symbole. Für die Praxis christlich gedeutet (1999)

Geschichtensammlungen für die Gemeindepraxis
Kurzgeschichten 1: 255 Kurzgeschichten für Gottesdienst, Schule und Gruppe (^{18}1999); Kurzgeschichten 2: 222 Kurzgeschichten ... (^{11}1998); Kurzgeschichten 3: 244 Kurzgeschichten ... (^{9}1999); Kurzgeschichten 4: 233 Kurzgeschichten ... (^{6}1998); Kurzgeschichten 5: 211 Kurzgeschichten ... (^{4}1998); Geschichten als Predigten (^{3}1995); In Geschichten das Leben spiegeln. Band 1. 140 Geschichten für Gottesdienst, Schule und Gruppe (^{2}1999)

Geschichtensammlungen als Bildband – das besondere Geschenk
Geschichten wie kostbare Perlen (^{7}1998); Geschichten wie Spiegel des Herzens (^{4}1995); Geschichten wie Wegweiser (^{3}1997); Geschichten wie offene Türen (^{3}1998); Geschichten wie Brücken zum Leben (^{4}1998); Geschichten wie Brunnen in der Wüste (1995); Geschichten wie Schlüssel zum Glück (1998)

Bücher zu den Sakramenten – mit Geschichten
Geschichten zur Taufe. Topos Taschenbuch 210 (^{4}1999); Bußgeschichten. Topos Taschenbuch 99 (^{6}1993); Kommuniongeschichten. Brot fürs Leben. Topos Taschenbuch 79 (^{18}1998); Firmgeschichten. Hinführung zur Firmung für Jugendliche und Gruppenleiter. Topos Taschenbuch 126 (^{9}1998); Geschichten zum Sakrament der Ehe. Topos Taschenbuch 166 (^{5}1998); Geschichten für Kranke. Topos Taschenbuch 188 (^{4}1997); Brot in unserer Hand. Mein Erstkommunionbuch (^{2}1998)

Für Gruppen und Schule
33 Gruppenstunden für Ministranten, geeignet auch für Schule, Kinder- und Jugendarbeit (^{6}1998); 27 Modelle für Gruppenstunden und Religionsunterricht (^{2}1997); Religiöse Spiele für Gottesdienst und Gruppen. Band 1 (^{6}1994); Religiöse Spiele für Gottesdienst und Gruppen. Band 2 (^{4}1993); 77 religiöse Spielszenen für Gottesdienst, Schule und Gruppe (^{3}1994); 9 x 9 Spielszenen für Gottesdienst, Schule und Gruppe (^{2}1998)

Glaubensvermittlung
Von der Schöpfung, Gott und Jesus erzählen. 100 Ideen für 3–7jährige (^{3}1998); Glaube trägt. Kleiner Katechismus für junge und erwachsene Christen (^{9}1998)

Gesamtauflage: 1.000.000

Willi Hoffsümmer

12 Erstkommunionfeiern mit Symbolen

Festgottesdienst, Andacht und Dankmesse

Matthias-Grünewald-Verlag · Mainz

Aktualisierte Neuausgabe von:
Zwölf Erstkommunionfeiern
Festgottesdienst, Andacht und Dankmesse unter einem Symbol
Bergmoser + Höller Verlag, Aachen

e verlags gruppe engagement
Der Matthias-Grünewald-Verlag ist Mitglied der Verlagsgruppe engagement

Die Deutsche Bibliothek – CIP-Einheitsaufnahme

Ein Titeldatensatz für diese Publikation ist bei Der Deutschen Bibliothek erhältlich

Zeichnungen: Karl Heinz Hamacher
Umschlag: Harald Schneider-Reckels und Iris Momtahen, Wiesbaden
DTP: Jörg Eckart · DTP Studio Mainz
Druck und Bindung: Wagner, Nördlingen

ISBN 3-7867-2219-6

Inhalt

Vorwort 7

Wichtige Hinweise 8

1. Jesus – das Brot des Lebens 11
   Symbol Brot
2. Mit Jesus verbunden 21
   Symbol Weinstock – Reben
3. Gemeinsam mit Jesus auf dem Weg 29
   Symbol Fisch
4. Der Quell lebendigen Wassers 39
   Symbol Wasser
5. Nahe dem Herzen Jesu 48
   Symbol Herz
6. Jesus – unsere Mitte 57
   Symbol Wagenrad
7. Das Wunder der Verwandlung: Jetzt im Brot – einst im Tod 68
   Symbol Raupe – Schmetterling
8. Im Zeichen des Bundes und der Versöhnung 77
   Symbol Regenbogen
9. Frucht bringen aus der Verbindung mit Jesus 89
   Symbol Lebensbaum
10. Kraft aus der Höhe 99
   Symbol Seerose
11. Vom Honigbrot in der Wüste des Lebens 109
   Symbol Bienen
12. Bleibe bei uns, Herr! 121
   Symbol Schiff

Anhang: Weitere Ideen 130

Vorwort

Das Echo der Gemeinde wird jedem Recht geben, der sich bei den Erstkommunionfeiern auf den anschaulichen Weg dieses Buches begibt: Es will Menschen, die oft kaum noch zuhören können, über möglichst viele Sinne ansprechen, besonders über das Auge.

Der Erstkommuniontag ist jenseits mancher negativer Begleiterscheinungen ja auch eine große Chance: Da tauchen plötzlich Familien, Paten, Freunde auf, die jahrelang die Kirche nicht mehr von innen gesehen haben. Eine ansprechende Gestaltung des Festgottesdienstes wird zwar daran nicht viel ändern, aber sie hatten dann „wenigstens einen positiven Eindruck von Kirche“. Es brechen vielleicht sogar ein paar Steine aus der Mauer, die seit Jahren gegen alles Kirchliche gewachsen ist.

Zudem zeigen die herkömmlichen Erfahrungen, dass die Andacht und erst recht die Messe am Montag in einem problematischen Umfeld stattfinden: Bei den Kindern ist gewissermaßen „die Luft raus“, weil die Spannung des Sonntagvormittags weg ist, der viele Besuch sie aufgedreht hat und die Anzahl der protzigen Geschenke sie überfordert. Sie möchten laufend davon erzählen oder damit angeben.

Seit wir den Kindern bis in den Montagsgottesdienst hinein Aufgaben geben, die sie fordern, fiebern sie jedem Gottesdienst entgegen, weil sie es – selbst die Andacht ist ja noch sehr gut besucht – vor so vielen Leuten auch gut machen wollen. Deshalb sind sie in ihrer Aufmerksamkeit zumindest dem Wesentlichen des ganzen Festes näher. Hinzu kommt, dass sie dem Symbol ihres Festes noch dauernd begegnen; denn auch die Eltern fangen in der Regel Feuer: Das jeweilige Symbol zeigt sich im Tür- und Tischschmuck, auf den Einladungskärtchen und auch später auf den Dankkarten. Es wird also aufgegriffen und wirkt im Alltag noch lange nach.

Ich kann Sie nur ermuntern, es einmal mit einem Beispiel aus diesem Buch zu versuchen. Ich darf das voller Dank und Freude auch im Namen so vieler Pfarreien sagen, die es schon so oder ähnlich machen und mir ihre Entwürfe zugesandt haben. Meine Erfahrung: Die Phantasie bzw. der Heilige Geist kennt in der Gestaltung von Erstkommuniontagen offensichtlich keine Grenzen.

Herzlich
Ihr Willi Hoffsümmer

Wichtige Hinweise

Es ist an Kommunionkinder gedacht, die im 3. Schuljahr zum Sakrament geführt werden, sich mit dem Lesen also nicht mehr gar so schwer tun. Da auch Kinder in diesem Alter erst kurz vor dem großen Tag „in Form" kommen und sich hinters Mikrofon wagen, geben Sie ihnen bitte die Texte nicht zu früh in die Hände. Wir verteilen sie erst am letzten Elternabend wie auch die Vorschläge für die Bilder zur Andacht, die von den Kindern *mit* Erwachsenen aus Verwandtschaft und Bekanntschaft gemalt werden können. Das Symbol selbst ist natürlich schon länger bekannt. Die Eltern bekommen den *Gesamttext* der beiden Sprechspiele, um mit ihren Kindern über die Zusammenhänge zu sprechen. Sie dürfen auch am Text ändern, wenn sie mit Formulierungen nicht einverstanden sind.
Selbstverständlich muss mit den Kindern am Mikrofon an Ort und Stelle so lange geübt werden, bis sie sicher sind; sie sollen sich ja nicht blamieren. Sie können den Text ablesen, der auf die Rückseite des zu zeigenden Bildes oder Gegenstandes geklebt werden kann. Ansonsten müsste für alle Fälle einer in der Nähe stehen, der weiterhilft, wenn ein Kind stecken bleibt.
Die Grundidee *mit* den Kindern zu erarbeiten dürfte sie wohl überfordern. Aber sonst sollen sie überall mit eingebunden werden, denn es ist ja *ihr* Fest: Sie können zum Beispiel versuchen, das entsprechende Symbol mit Zierwachs auf ihrer Kommunionkerze anzubringen (z.B. einen Regenbogen mit Sonne und Wolken). Denkbar ist neben der Mithilfe beim Zeichnen der Papierbahn im Mittelgang der Kirche auch das Backen (evtl. Salzteig) der Symbole. Fisch, Schiff, Seerose, Wagenrad, Herz, Baum ... lassen sich leicht darstellen. An welcher Stelle im Gottesdienst die Kinder in ein paar zugeteilten Bänken aus einem Körbchen diese Symbole austeilen (Friedensgruß, Schluss?), müssten Sie mit dem Liturgieleiter festlegen.
Auf die Angabe von Liedern habe ich verzichtet, weil es fast zu viele moderne Lieder gibt. Ich meine, zumindest im Festgottesdienst sollten auch einige „alte" Lieder gesungen werden, damit die Gemeinde nicht in die Zuschauerrolle gedrängt wird. Oft sind die vorgeschlagenen Kurzgeschichten nur stichwortartig angegeben, weil sonst dieses Buch zu umfangreich geworden wäre.

Und jetzt viel Freude bei der Vorbereitung!

Bücher des Autors, die in diesem Buch unter folgenden Kurztiteln zitiert werden:

„Kurzgeschichten 1" = 255 Kurzgeschichten für Gottesdienst, Schule und Gruppe,
„Kurzgeschichten 2" = 222 Kurzgeschichten für Gottesdienst, Schule und Gruppe,
„Kurzgeschichten 3" = 244 Kurzgeschichten für Gottesdienst, Schule und Gruppe,
„Kurzgeschichten 4" = 233 Kurzgeschichten für Gottesdienst, Schule und Gruppe,
„Anschauliche Predigten" = Anschauliche Predigten für Kinder-, Jugend- und Familiengottesdienste.
„Kommuniongeschichten"; Topos-Taschenbuch Bd. 79.
Diese Bücher erschienen im Matthias-Grünewald-Verlag, Mainz.

Außerdem werden zitiert:

„Troubadour" = Liederbuch „Troubadour für Gott"; Hg. Kolping-Bildungswerk Diözesanverband Würzburg e.V., Sedanstr. 25, D-97082 Würzburg; „neu" = Liednummer der erweiterten 6. Auflage 1999.

„Kindermessbörse" = Zu beziehen beim Verlag Kindermessbörse, Hoher Turm 5, D-31137 Hildesheim (Redaktion Willi Hoffsümmer).

Jesus – das Brot des Lebens

Symbol Brot

Vorbemerkung

Siehe „Wichtige Hinweise" auf Seite 8.

Vorbereitungen

1. Die Folie F 4/1 der MISSIO-Leuchtbox kann gezeigt werden: ein sprießendes Weizenkorn.
2. *Im Mittelgang* werden auf eine weiße Papierbahn gemalt: ein langes Kreuz, einige riesige Ähren darum, in deren Körner die Namen der Kinder geschrieben werden können. Oder jede Gruppe hat eine große Ähre gemalt, in deren Körner die Namen der Kommunionkinder stehen und auf dem Halm der Name der Tischmutter oder des -vaters.

   Vor dem Altar ein gemalter großer Korb; darin sieht man die verschiedensten Brotsorten: Brötchen, Brezeln, Stangenbrote; runde, ovale Grau- und Schwarz- und Körnerbrote ... Auf jeder Brotsorte steht der Name eines Kommunionkindes.

   Auf eine große Tafel wird ein Lebensbaum gemalt, der wie eine Monstranz mit seinen Ästen ein großes Brot in einem Kreuz umschließt (wie die Darstellung auf dem Katholikentag in Düsseldorf). Hier bleibt auch Platz für das Aufheften der Buchstaben LEBENS-BROT.

3. Wir wählten als *Kommunionandenken* das Bronzekreuz Nr. 433 mit der Aufschrift „Ich bin das Brot des Lebens", das zusätzlich Ähre, Brot, Traube und Kelch zeigt. Zu bestellen beim Verlag Kissing, D-58684 Menden/Sauerland, Tel. 0 23 73 / 93 71 -17, Fax / 93 71 77.

Festgottesdienst

Einzug – Begrüßung – Erneuerung des Taufgelöbnisses

Bußakt

1. Kind:	*(mit Schale)* Ich trage eine Schale mit Weizenkörnern. Diese Körner sind wir: Aus allen Straßen und Häusern sind wir zusammengekommen, um jetzt Gemeinde Jesu zu sein. *(Schale auf den Altar stellen!)*
Pr.:	Ja, Herr, wir wollen jetzt dein Wort hören und gleich deinen heiligen Leib empfangen. – Herr, erbarme dich!
Alle:	Herr, erbarme dich!
2. Kind:	*(mit Wasserkännchen)* Wenn die Weizenkörner zu Mehl gemahlen sind, müssen wir Wasser hinzufügen, damit ein Brotteig entstehen kann. Wasser verbindet. Darum trage ich ein Kännchen mit Wasser in meiner Hand. Uns verbindet Jesus, der in unserer Mitte ist. *(Wasserkännchen auf den Altar stellen!)*
Pr.:	Denn wo zwei oder drei …
Alle singen:	Wo zwei oder drei … (siehe „Troubadour", Nr. 128; neu 95)
3. Kind:	*(mit Partybrot)* Nur Wasser mit Mehl ist noch kein essbares Brot. Der Teig muss erst im Ofen gebacken werden wie die Hostien. Er braucht Hitze und Wärme, damit Brot daraus wird. *(Brot auf den Altar legen!)*
Pr.:	Ja, Herr, lass uns Menschen zusammenwachsen durch Wärme und Liebe. Verzeihe uns, wenn wir manchmal noch so kalt sind zueinander und auch dich wie Luft behandeln. Schenke uns ein neues Herz! Herr, erbarme dich!
Alle:	Herr, erbarme dich!
Pr.:	Der allmächtige Gott erbarme sich unser. Er verzeihe uns unsere Schuld und schenke uns genügend Kraft für den Weg in sein ewiges Reich.

Tagesgebet

Herr, unser Gott. Wir danken dir für das Brot. Es zeigt uns: Wie aus vielen Körnern *ein* Brot wurde, so lass uns, so verschieden, wie wir auch sind, in deinem Sohn eine Gemeinschaft werden, damit wir gemeinsam das Ziel des Lebens finden. Darum bitten wir …

Lesung

Vorwort: Mit dem Brot des Lebens erreichen wir leichter das Ziel unserer Pilgerreise.
1 Kor 11,23–26 (Abendmahlsbericht)
Oder:
Vorwort: Der Prophet Elija wandert, durch Brot gestärkt, vierzig Tage durch die Wüste.
1 Kön 19,4–8 (Elija in der Wüste)

Evangelium

Vorwort: Mit dem Brot des Lebens erreichen wir leichter das Ziel unserer Pilgerreise.
Joh 6,48–51: Ich bin das Brot des Lebens;
oder: Joh 6,32–35: Das Brot des Lebens;
oder: Lk 24,28–31: Sie erkannten ihn beim Brotbrechen.

Sprechspiel

Pr.: Die Kommunionkinder halten uns die Predigt. Sie sagen uns, was sie alles über „Brot“ wissen.

Jedes Kind kommt mit einem Buchstaben nach vorn, spricht seinen Text und übergibt den Buchstaben dem bereitstehenden Helfer an der Tafel. Bitte wie nach Plan durcheinander heften, damit die Spannung bis zum Ende bleibt.

1. Kind: *(bringt den Buchstaben „E“)*
Ohne Weizenkörner gibt es kein Brot. Und jedes Korn ist ein Geschenk Gottes. Gott schenkt die Erde, das Wasser, den Wind zum Befruchten und die Sonne. Gott lässt alles wachsen. Danke!

2. Kind: *(hat ein Partybrot und den Buchstaben „R“)*
Dieses Brot hier *(Brot hochheben)* gäbe es nicht, wenn Menschen sich nicht sehr bemühen würden: Am meisten der Landwirt, dann der Müller, der Bäcker, die Verkäuferin und die Eltern, die dafür arbeiten, um es kaufen zu können. Allen ein Dankeschön! *(Das Brot dem nächsten Kind geben!)*

3. Kind: *(übernimmt das Brot und hat den Buchstaben „S")*
Dreimal muss gestorben werden, damit so ein Brot entsteht: Zuerst stirbt das Korn, damit die Ähre wachsen kann. Dann sterben die Körner, wenn sie zu Mehl zermahlen werden. Dann muss das Mehl durch den Tod der Hitze im Backofen, damit ein knuspriges Brot vor uns liegt. – Nichts Großes entsteht ohne Mühe und Leid. *(Das Brot dem nächsten Kind weitergeben!)*

4. Kind: *(übernimmt das Brot und hat den Buchstaben „T")*
Wenn in uns Menschen Geiz und Blindheit sterben, dann kann *geteiltes* Brot die hungrige Welt retten. Wo einer zu teilen beginnt, da fängt der Friede erst an. Ich teile es jetzt in der Kirche. *(Zuerst gibt das Kind den Buchstaben ab, geht dann durch den Mittelgang, bricht das Brot in Stücke und verteilt es an die Leute.)*

5. Kind: *(bringt den Buchstaben „E")*
In Afrika sind Menschen bereit, drei Stunden für ein Brot zu arbeiten. In Indien wollen Menschen dafür einen ganzen Tag arbeiten. In Deutschland würde uns jeder auslachen, dafür auch nur eine Stunde zu arbeiten! Kann einer das heilige Brot in der Kirche noch ehren, wenn er das tägliche Brot in den Mülleimer wirft? – Hoffentlich liegen auf der Waage im Weltgericht die weggeworfenen Brote nicht als Steine, die gegen uns sprechen!

6. Kind: *(bringt den Buchstaben „N")*
Auf der großen Tafel im Hintergrund ist der Lebensbaum zu sehen und in seiner Mitte das Brot des Lebens in einer kleinen Monstranz. Jesus, das Brot des Lebens, ruft uns zu: „Kommt zu mir und esst von mir! Und dann werdet selbst wie Brot für die anderen, damit ihr genießbare Speise seid für die Menschen und nicht wie Steine im Magen liegt."

7. Kind: *(bringt den Buchstaben „O")*
Jesus hat sich an den Baum des Lebens schlagen lassen. So schenkte er uns neues Leben. – Wir beten ihn an in der Monstranz. Aber er will von uns gegessen werden, damit wir das Leben in uns haben, damit wir uns verwandeln lassen. So lassen wir „Wandlung" in unserem Leben zu.

8. Kind: *(ein Junge. Er bringt den Buchstaben „B")*
Ein Junge in meinem Alter ist für dieses Brot des Lebens gestor-

ben: der heilige Tarzisius. Als er den Leib Christi zu Christen ins Gefängnis schmuggeln wollte, wurde er von Spielkameraden überfallen. Sie schlugen ihn tot. – Ich will in meinem Leben nie über das Geheimnis in diesem Brot spotten. Ich will mich ihm in Ehrfurcht und Achtung nähern.

9. Kind: *(bringt den Buchstaben „B")*
Am Fest Fronleichnam wird Jesus als Brot des Lebens in einer Monstranz durch die Straßen getragen. Alle Menschen sollen den Herrn der Welt erkennen und anbeten.

10. Kind: *(bringt den Buchstaben „L")*
Ich danke meinen Eltern, dass sie mir den Weg zu Jesus zeigen, auch wenn ich von dem Geheimnis des Lebensbrotes noch nicht viel verstehe. Ich danke auch allen, die mich auf diesem Weg mitbegleitet haben: den Paten, den Priestern, den Tischmüttern und Klassenkameraden. Wir Kommunionkinder möchten uns bemühen, dass unsere Freundschaft mit Jesus immer tiefer und fester wird.

Kurze Predigt
Die Kurzgeschichte Nr. 70 (G. Pausewang) aus „Kurzgeschichten 4" wird erzählt: Die fünf langen Weißbrote, die der Priester zur Eucharistiefeier in den Slum mitbringt, werden zur Kommunion weitergereicht, geachtelt, gesechzehntelt und mit geschlossenen Augen gekaut. Obwohl es für viele die einzige Nahrung an diesem Tag ist, bestiehlt keiner den anderen oder rennt mit einem halben Brot fort. Das verwandelte Brot hat sie, die sonst aus Not kriminell werden können, geändert. – Das Brot des Lebens kann auch uns verändern, wenn wir uns richtig für Jesus und in ihm auch für die Mitmenschen öffnen.

Oder: Aus „Kurzgeschichten 2" die Nr. 73 bis 76 zur Auswahl.

Meditationsmusik

Fürbitten (Festmesse)

Pr.: Herr, unser Gott. Mit Brot können wir den Leib stärken. Das Brot deines Sohnes will unsere Seele stark machen. Wir rufen zu dir:

Mutter: Lass uns – das erbitte ich auch im Namen unserer Jubilare – in unserem Leben mehr Brote reichen als Steine! – *Liedruf*

Vater: Geteilte Brote sind in den Augen Gottes wie Goldkörner. Wir be-

	kommen sie zurückgeschenkt. Hilf uns, Herr, mehr zu teilen mit den Ärmsten der Armen. – *Liedruf*
1. Kind:	Hilf uns, das Brot des Lebens immer als kostbarstes Geschenk aus deinen Händen anzusehen. – *Liedruf*
2. Kind:	Lass die Freude über den heutigen Tag noch lange andauern – auch durch die Begleitung unserer Eltern und Geschwister. – *Liedruf*
Tischmutter/ -vater:	Gib, dass wir all unsere Verstorbenen beim himmlischen Mahl wieder sehen dürfen.
Pr.:	Ja, um das Brot gegen alle Not und um das Brot gegen den Tod bitten wir dich durch Christus, unseren Herrn.

Gabengebet

Guter Gott. Brot und Wein auf dem Altar haben Landwirt und Winzer der Erde abgerungen. Wir schenken sie dir zurück. Verwandle sie uns in der Kraft deines Heiligen Geistes, damit wir in der Kraft dieser Speise in die Fußstapfen deines Sohnes treten können. Darum bitten wir …

Nach der Wandlung

1. Kind:	Jesus, du bist jetzt in der Gestalt des Brotes mitten unter uns.
2. Kind:	Unsere Augen können nichts als Brot sehen. Aber unsere Priester und unsere Eltern haben uns weitergesagt, was du selbst gesagt hast: In diesem Brot bist du selbst, Jesus. Jesus ist *das* Brot für unser Leben.
3. Kind:	Wer zu Jesus kommt, braucht nicht mehr zu hungern. Wer von diesem Brot isst, wird in Gottes Augen erst richtig leben.
1. Kind:	Jesus, wir danken dir dafür. Geh mit uns heute und alle Tage. Mit allen Menschen auf der weiten Erde wollen wir dich loben und preisen.
2. Kind:	Lass unsere Liebe zu dir immer stärker werden. Lass uns so leben, wie du es uns gesagt hast.
3. Kind:	Wir wollen von diesem heiligen Brot essen. Alle, die von diesem Brot essen, sollen untereinander eins sein und einander lieben.

Einleitung zum Vaterunser

Herr, schenke *allen* Menschen das tägliche Brot und *das* Brot des Lebens!

Einleitung zum Friedensgruß

Wie aus vielen Körnern ein Brot wurde, so können wir, die wir so verschieden sind, in Christus *eine* Gemeinschaft werden. Gebt einander ein Zeichen, an dem wir die gute Absicht dazu erkennen können.

Meditation nach der Kommunion

1. Kind: Jesus: Du Brot gegen das Leid.
Wer davon isst, verzagt nicht, sein Kreuz zu tragen.

2. Kind: Jesus: Du Brot gegen den Stolz.
Wer davon isst, will nicht herrschen, sondern dienen.

1. Kind: Jesus: Du Brot gegen den Tod.
Wer davon isst, wird nicht sterben in Ewigkeit.

2. Kind: Jesus: Du Brot gegen die Angst.
Wer davon isst, braucht sich nie zu fürchten.

1. Kind: Jesus: Du Brot gegen den Hass.
Wer davon isst, reicht die Hand, um sich zu versöhnen.

(Nach Alois Albrecht)

Schlussgebet

Mächtiger Gott. Du hast uns gestärkt durch dein Wort, dein Brot und die Gemeinschaft hier. Wir danken dir dafür und bitten dich: Stille auch weiterhin unseren inneren Hunger, und lass uns gemeinsam bei dir ankommen. Darum bitten wir durch Christus, unseren Herrn.

Bausteine für die Andacht

Andachtsteil

GL 779,5: Brot des Lebens

Sprechspiel mit Zeichnungen

1. Kind: *(zeigt sein Bild mit den verschiedensten Brotsorten: Je ein Weiß-, Vollkorn- und Partybrot, ein Brötchen, Teilchen, einen Weck und ein Stück Torte, eine Brezel und eine Schnitte Brot. Das Aufgezählte muss nicht unbedingt alles gemalt werden.)*

Wie viele Weizenkörner gibt es! Keiner kann sie zählen. Und was erst daraus alles gemacht wird! Wie duften und schmecken Weiß- und Graubrot, das Vollwert- und Mohnbrot, Zwiebel- und Schwarzbrot! Und jeden Morgen die frischen Brötchen! Und erst mal die Teilchen und der Kuchen! – Guter Gott. Das spricht alles für sich. Aber mehr noch für dich. Wir danken dir!

2. Kind: *(zeigt sein Bild: Eine Schale mit Reis, ein Fisch, ein Stück Fleisch oder eine Antilope und ein Brot.)*

Wir beten so oft im Vaterunser: „Unser tägliches Brot gib uns heute." – Aber es gibt Länder, da isst man kein Brot. Dort bitten alle Menschen: „Unseren täglichen Reis gib uns heute." – Wo die Gazellen springen, im Buschland und in der Steppe, da rufen alle Leute: „Unser tägliches Fleisch gib uns heute." – Und wo kein Getreide wächst und die Sonne selten lacht, da sagen alle Leute: „Unseren täglichen Fisch gib uns heute."

3. Kind: *(zeigt sein Bild im Hochformat: Ein stilisierter Mensch, der ganz aus kleinen ausgeschnittenen Köpfen aller Menschenrassen besteht.)*

Wie viele Köpfe schauen uns aus diesem Bild an! Und wie viele hungrige Münder gibt es in der Welt zu stopfen: gelbe, rote, weiße, schwarze und braune. Wir Christen sind alle füreinander da! Die Hand kann nicht zum Fuß sagen: „Ich brauche dich nicht!" – Herr, wir wollen in unserem Leben eine Brücke schlagen: Einer trage des anderen Last!

4. Kind: *(zeigt sein Bild: Menschen, die vom Boden Brot aufheben.)*

Das Volk der Israeliten schrie in der Wüste zu Mose: „Wir verhungern hier. Wären wir doch in Ägypten geblieben!" Da betete Mose zu Gott. Am nächsten Morgen lag etwas unter den Sträuchern, das schmeckte wie Brot und Honig. Sie nannten das Brot, das ihnen das Leben rettete, Manna. – Guter Gott. Schenk auch uns auf der Wanderung durch unsere Wüsten im Leben dein rettendes Manna!

5. Kind: *(zeigt sein Bild: Ein Mensch liegt neben einem Ginsterstrauch in der Wüste.)*

Die Bibel berichtet: Der Prophet Elija floh vor seinem König in die Wüste, und er legte sich neben einen Ginsterstrauch und wollte sterben. Da stieß ihn ein Engel an. Neben ihm lag ein Brot und stand eine Kanne mit Wasser. Der Prophet aß und trank und hatte neuen Mut. Er machte sich auf und ging vierzig Tage bis zum Berge Gottes. – Mächtiger Gott. Lass mich in der Kraft deines heiligen Brotes bis zu dir nach Hause gelangen!

6. Kind: *(zeigt sein Bild: Fünf Brote und zwei Fische.)*

Die Bibel berichtet: Um Jesus zu hören, folgten ihm sehr viele Menschen bis in die Wüste. Da bekamen sie großen Hunger, hatten aber nichts zu essen. Jesus hatte Mitleid mit ihnen. Er nahm die fünf Brote und die beiden Fische eines Jungen, segnete sie und ließ sie austeilen. Und alle wurden satt! Zwölf Körbe voll Brot blieben übrig. – Gerechter Gott. Lass die reichen Völker mit den Armen mehr teilen. Die Erde ist reich genug für alle. Dann braucht keiner mehr vor Hunger zu weinen.

7. Kind: *(zeigt sein Bild: Jesus mit den Jüngern im Abendmahlssaal.)*
Jesus nahm das Brot, reichte es den Jüngern und sprach: Nehmet und esset alle davon. Das ist mein Leib, der für euch hingegeben wird. – Jesus Christus! Wir wollen immer wieder zusammen feiern, was du damals getan hast. So denken wir immer wieder an dich, bis du wiederkommst, um uns zum ewigen Gastmahl zu holen.

Umzug mit der Monstranz durch die Kirche

Vorher folgender Text:

Pr.: Während wir jetzt auf den Leib Christi in der Monstranz schauen, wiederholen wir den Satz: Jesus, wir brauchen dich zum Leben!
Alle: Jesus, wir brauchen dich zum Leben!

Pr.: Seht, das ist das heilige Brot, das Jesus seinen Jüngern gereicht und gesprochen hat: Nehmet und esset alle davon: Das ist mein Leib.
Alle: Jesus, wir brauchen dich zum Leben!

1. Kind: In diesem Brot ist Jesus bei uns alle Tage unseres Lebens.
Alle: Jesus, wir brauchen dich zum Leben!

2. Kind: Dieses Brot will uns mit Gott und untereinander verbinden.
Alle: Jesus, wir brauchen dich zum Leben!

3. Kind: Dieses heilige Brot stärkt uns zum Gutsein zu allen Menschen.
Alle: Jesus, wir brauchen dich zum Leben!

4. Kind: Jesus, Sohn Gottes, wir danken dir für dieses Brot.
Alle: Jesus, wir brauchen dich zum Leben!

Pr.: Jetzt ziehen die Kommunionkinder hinter mir her. Ich gehe mit der Monstranz voraus. Diese kleine Prozession will sagen: Wir möchten dir, Jesus, folgen. Du bist *das* Brot für unser Leben.

Bausteine für die Dankmesse

Evangelium

Joh 6,32–35: Ich bin das Brot des Lebens;
oder: Joh 15,9–14: Ihr seid meine Freunde, wenn ihr einander liebt;

oder: Joh 6,1–13: Weil der kleine Junge die fünf Brote und die zwei Fische abgibt, können letztlich alle satt werden.

Kurzpredigt

Die Kurzgeschichte Nr. 124 aus „Kurzgeschichten 1" wird erzählt: Zwei Brüder teilen immer wieder die Weizengarben und beweisen so ihre Liebe zueinander. Und wo in Liebe das Brot geteilt wird, da wohnt Gott.
Oder/und Kurzgeschichte Nr. 13 aus „Kurzgeschichten 1": Der Bauer schenkt dem unbekannten Bettler, in dem ihm Gott begegnet, nur das kleinste Weizenkorn aus seinem vollen Sack. Aber er erhält es verwandelt als Goldkorn zurück. – Wie das Teilen des normalen Brotes schon Wunder wirken kann, wie viel mehr das „Brot des Lebens", wenn wir es nicht für uns behalten …

Gebet zur Gabenbereitung

Refrain: Wir weihn der Erde Gaben dir, Vater, Brot und Wein.
(GL 480 singen, aber nur diese Zeile)

1. Kind: Der Sämann hat das Korn gesät,
der Schnitter hat es abgemäht.
Jetzt liegt's als Brot auf dem Altar,
wir bringen es als Opfer dar.

Alle: Wir weihn der Erde Gaben dir, Vater, Brot und Wein.

2. Kind: Die Traube wuchs im Sonnenlicht,
der Winzer von dem Zweig sie bricht.
Jetzt duftet in dem Kelch der Wein,
er soll heut' unser Opfer sein.

Alle: Wir weihn der Erde Gaben dir, Vater, Brot und Wein.

3. Kind: Mit Brot und Wein, mit Speis und Trank
erzeigen wir dir unsern Dank.
Empfang uns selber auch dazu
mit Leib und Seel, o Vater, du.

Alle: Wir weihn der Erde Gaben dir, Vater, Brot und Wein.

Einladung zur Kommunion

Seht, ein Stückchen „Himmel" in meiner Hand, uns gegeben, dass wir leben, dass wir lieben, dass wir Speise sind für die anderen.

(Nach Lothar Zenetti)

Mit Jesus verbunden

Symbol Weinstock – Reben

Vorbemerkung
Siehe „Wichtige Hinweise“ auf Seite 8.

Vorbereitungen

1. *Im Mittelgang* auf einer weißen Papierbahn ein gemalter riesiger Weinstock, der sich bis vorne auf den Altar windet. Auf jeder Rebe steht der Name eines Kommunionkindes. Bedenken Sie dabei aber bitte: Jesus spricht vom Weinstock und den Reben (nicht von den Trauben). Auf den Trauben könnte laut Gal 5,22f stehen: Liebe, Freude, Friede, Geduld, Freundlichkeit, Güte, Treue …
   Auf einer großen Tafel krallen sich die Wurzeln eines Weinstockes in die Kugel des Erdballs. Der Weinstock ist an ein Kreuz gebunden. Einige Weintrauben daran werden im Sprechspiel der Messe angeheftet.
2. Als passendes *Kommunionandenken* eignet sich, weil es einen Weinstock zeigt, das Bronzekreuz KK 271009 beim Carl Ludwig Verlag, Postfach 950267, D-81518 München, Tel. 0 89 / 692 63 10; Fax / 69 52 67; *oder* die Nr. 15271 vom Steyler Verlag, Postfach 2460, D-41311 Nettetal; *oder* K 22K, K 76K oder K 81K von den Ursula-Werkstätten, Egino Weinert, Marzellenstr. 42, D-50668 Köln, Tel. 02 21 / 13 54 69, Fax / 139 00 64; *oder* vom Kunstverlag

D-56653 Maria Laach die Best.-Nr. 334/8 mit der Aufschrift „Ich bin der Weinstock".

Festgottesdienst

Einzug – Begrüßung – Erneuerung des Taufgelöbnisses

Tagesgebet

Herr, unser Gott. Wie die Reben mit dem Weinstock verbunden sind und daher lebendig bleiben, so lass uns in guten und bösen Tagen mit dir verbunden bleiben. Dann können wir Freude erfahren und Leid ertragen. Darum bitten wir durch Christus, unseren Herrn.

Lesung

Vorwort: Wir hören, was Jesus im Abendmahlssaal über den Kelch mit dem Wein sagte.
1 Kor 11,23–26 (Der erste Abendmahlsbericht)

Zwischengesang

Alle singen:

Refrain:	Herr Jesus Christ, du kommst zu uns. Halleluja, halleluja, halleluja. (GL 585, erste und letzte Notenzeile)
1. Kind:	Freuen dürfen sich alle, die das Wort Gottes hören *und* es befolgen. – Herr, zu wem sollen wir gehen? Du hast Worte ewigen Lebens.
Alle:	Refrain wie oben
2. Kind:	*Jetzt* spricht Jesus zu uns. Im Wort Gottes ist er uns nahe. *Gleich* kommt er zu uns in der Gestalt des Brotes.
Alle:	Refrain wie oben
3. Kind:	Sooft wir Gottes Wort befolgen und dieses Brot essen, verkünden wir, wie sehr der Herr uns liebt.
Alle:	Refrain wie oben

Evangelium

Vorwort: Getrennt von Jesus können wir in den Augen Gottes nichts vollbringen.
Joh 15,4–5 (Bleibt in mir, dann bleibe ich in euch; Weinstock – Reben; liebt einander)

Sprechspiel

Pr.: Einige Kommunionkinder halten uns heute die Predigt. Sie wollen uns das Bild an der Tafel vom Weinstock und den Reben noch etwas näher bringen.

Die Kinder lesen den Text von ihrer ausgeschnittenen Weintraube ab und bringen sie danach zur großen Wand, wo sie auf die markierten leeren Stellen geheftet werden.

1\. Kind: Schon seit der Taufe sind wir eng mit Jesus verbunden. Heute wird meine Freundschaft mit Jesus noch viel enger und schöner. Wenn meine Eltern und Paten mir helfen, kann ich Jesus ein Leben lang treu bleiben. – Herr, lass mich in guten und in bösen Tagen auf dich vertrauen.

2\. Kind: Wir alle, die den Namen Jesu Christi tragen, gehören wie eine Familie zusammen. Wir sind eins in Jesus Christus. Wir helfen einander. Ob Mann oder Frau, ob arm oder reich, ob jung oder alt, ob krank oder gesund: Wir sind eins in Christus!

3\. Kind: Jesus will unser Friede sein. In ihm sind wir auch untereinander verbunden. Jesus möchte, dass die Mauern zwischen uns abgerissen werden. Jesus sagt: Liebt einander, wie ich euch liebe.

4\. Kind: Bei jedem Gebet, bei jeder guten Tat verbinden wir uns mit Gott. Unsere Seele holt Atem. Wir schöpfen neue Kraft.

5\. Kind: Aus vielen Trauben fließt der Wein zusammen. Aus vielen Körnern wird das Brot. So führt das Sakrament der heiligen Kommunion alle Menschen auf der Erde zusammen: rote und gelbe, schwarze und weiße. – Wenn wir nach Jesu Worten leben würden, hätten wir schon ein Stück Himmel auf dieser Erde.

6\. Kind: Wer seine eigenen Wege gehen will und nur an sich denkt, kehrt Gott und den Menschen den Rücken zu. Er trennt sich von der Gemeinschaft. Wer umkehrt in Buße und Beichte, wird wieder mit dem Weinstock verbunden. Er kann neue Kräfte sammeln.

7. Kind: Jesus Christus. Wir möchten in dir bleiben, um in unserem Leben reiche Frucht zu bringen. Wir danken dir, dass du uns den Weg zum Vater zeigst und mit uns gehen willst alle Tage unseres Lebens.

Kurze Predigt

Im Frühjahr reinigt der Winzer den Weinstock und schneidet alle Triebe bis auf zwei ab. Dann bindet er sie zu einem Herzen zusammen: Die ganze Kraft des Weinstocks konzentriert sich aufs Herz. Ein wunderbares Bild für das, was Jesus eben im Evangelium zu uns gesagt hat: Liebt einander, wie ich euch geliebt habe (Joh 15,12). Wenn ihr in meiner Liebe bleibt (Joh 15,9), mit mir verbunden bleibt, dann wird die Freude in euch vollkommen (Joh 15,11).

Fürbitten (Festmesse)

Pr.: Herr, unser Gott. Wir möchten mit deinem Sohn so fest verbunden sein wie die Rebe mit dem Weinstock. Wir bitten dich:

Vater: Lass diese Kinder, die heute so eng mit deinem Sohn Jesus Christus verbunden werden, in der Liebe zu dir und zum Nächsten immer mehr wachsen. Und lass uns Erwachsene dabei helfen. – *Liedruf*

1. Kind: Wir bitten für alle Christen, die so oft dieses Mahl feiern: Hilf ihnen, in deiner Liebe zu bleiben. Und lass uns dabei helfen. – *Liedruf*

2. Kind: Wir rufen zu dir für alle Menschen, die große Sorgen haben oder unter einer Not leiden: Zeige ihnen einen Ausweg. Und lass uns dabei helfen. – *Liedruf*

Mutter: Schenke den Lenkern der Kirchen und Staaten Mut und Kraft, mehr Gerechtigkeit und Frieden unserer Welt zu schenken. Und lass uns dabei helfen. – *Liedruf*

Pr.: Denn dann wächst dein Reich der Liebe, das wir ersehnen, durch Christus, unseren Herrn.

Gabengebet

Guter Gott. Die ganze Erde ist dein Weinberg. Dein Sohn hat uns versprochen, in unserer Mitte zu sein, wenn wir in seinem Namen versammelt sind. So gieße er seinen Segen aus über diese Gaben von Brot und Wein. Und wenn wir sie verwandelt aus seiner Hand empfangen, mögen sie die Liebe in uns wachsen lassen. Darum bitten wir …

Einleitung zum Friedensgruß

Wir halten einander an den Händen wie eine große Familie: Unsere Mitte ist Jesus Christus. Wir sind jetzt die vielen verschiedenen Reben an seinem Weinstock. Der Friede Christi sei allezeit mit euch!

Gebet mit den Kindern nach der Kommunion

(Der Priester spricht die Sätze vor – die Kinder wiederholen sie)

Jesus Christus, wir danken dir.
Wer mit dir verbunden bleibt, kann ewig leben.
Geh mit uns heute und alle Tage.
Immer möchten wir dir vertrauen.
Lass unsere Liebe zu dir immer stärker werden.
Segne meine Eltern und Geschwister,
meine Paten und Verwandten,
besonders alle Kranken und Verzweifelten,
auch alle Menschen, die ich nicht so besonders mag.
Erbarme dich derer, die dir den Rücken zukehren.
Lass alle Menschen dich finden.
Amen.

Schlussgebet

Gütiger Gott. Die heilige Speise, die wir empfangen haben, durchdringe uns mit ihrer Kraft. Sie vertiefe unser Vertrauen, stärke unsere Hoffnung und entzünde unsere Liebe, damit wir Frucht bringen für das ewige Leben. Darum bitten wir …

Bausteine für die Andacht

Andachtsteil

GL 779,4: Heilige Gemeinschaft (Weinstock – Reben)

Sprechspiel

Diesmal nicht mit Zeichnungen wie bei den übrigen elf Entwürfen. Damit soll gezeigt werden: Kinder können auch in dieser einfachen Form eine Aufgabe bekommen und ihr entgegenfiebern. Bei diesem Sprechspiel halten sie eine Blume in der Hand, die nach dem Vorlesen des Textes in eine Blumenvase vor dem Kreuz gestellt wird (ähnlich denkbar mit Kerzen).

Pr.: Zehn Kinder warten darauf, jetzt dem zu danken, der die Mitte unseres schönen Festes ist.

1. Kind: Diese Blume ist ein Dank an Jesus. Er hat uns im Sakrament der heiligen Eucharistie ein Zeichen seiner Liebe hinterlassen. In der Kraft des verwandelten Brotes und Weines können wir den Weg zum Vater leichter finden.

2. Kind: Diese Blume spricht den Dank aus für die Menschen, die uns Kommunionkinder auf diesen großen Tag vorbereitet haben: die Eltern, die uns Jesus zuerst gezeigt haben; die Priester und all die Frauen und Männer, die uns zur ersten heiligen Kommunion geführt haben.

3. Kind: Diese Blume bringe ich als Dank für die vielen Gäste, die uns den heutigen Tag verschönen: Danke unseren Paten, Großeltern, Geschwistern, Verwandten und Freunden. Sie sind oft von sehr weit gekommen, um heute mit uns zu feiern.

4. Kind: Diese Blume als Dank für die Liebe, die sich auch in den Geschenken zeigt. Darüber wollen wir das größte Geschenk nicht vergessen: Mit Jesus haben wir uns heute ganz eng verbunden.

5. Kind: Mit dieser Blume wollen wir Gott bitten, dass wir Kommunionkinder Jesus über diesen Tag hinaus treu bleiben können.

6. Kind: Mit dieser Blume wollen wir Gott all die Eltern, Geschwister, Paten, Verwandte und Freunde empfehlen, die nicht mehr an Gott glauben können. So viele sind verbittert oder enttäuscht oder gleichgültig. Dieser Tag möge für sie ein Anstoß sein, das Leben mit Gott von neuem zu versuchen.

7. Kind: Mit dieser Blume wollen wir Gott all die Jungen und Mädchen und deren Eltern ans Herz legen, die das Angebot der heiligen Kommunion nicht angenommen haben.

8. Kind: Mit dieser Blume bitten wir Gott für die Jungen und Mädchen in der weiten Welt, die zu arm sind, ein solches Fest zu feiern. Wir wollen das Teilen nicht vergessen.

9. Kind: Mit dieser Blume denken wir an all die Jungen und Mädchen in der Diaspora, die es nicht so gut haben wie wir; denn sie können dieses Fest nicht in einer so großen Gemeinschaft erleben.

10. Kind: Mit dieser Blume rufen wir zu Gott für die Jungen und Mädchen in solchen Ländern, in denen der Glaube an Jesus verboten ist. Gott möge sie spüren lassen, dass er ihnen ganz nahe ist.

(Vgl. mein Buch „Anschauliche Predigten", S. 49)

Bausteine für die Dankmesse

Evangelium

Vorwort: Was geschieht, wenn die Reben nicht mehr mit dem Weinstock verbunden sind?
Joh 15,5–8 (Wer nicht in mir bleibt, verdorrt)

Kurze Predigt

(Dazu benötigt der Pr einen Stabmagneten, viele Eisenkugeln und einige Stecknadeln; z.T. im Eisenwarengeschäft ausleihen)
Ihr wollt doch sicher mit Jesus verbunden bleiben, um reiche Frucht zu bringen? Dieser Stabmagnet hier soll Jesus sein, der euch anziehen möchte, damit ihr nie aus der Verbindung mit ihm herausfallt. Bringt bitte eure Eisenkugeln jetzt nach vorne und ganz in die Nähe des Magneten (wer in weitem Abstand zum Magneten steht, wird auch nicht angezogen):
Ihr seht, wie sich langsam eine große Weintraube bildet *(bei wenigen Kommunionkindern bitte jedem Kind mehrere Kugeln geben).* Die Kugeln sind durch die Verbindung mit Jesus jetzt selbst magnetisch. Das meint Jesus, wenn er sagt: Ihr sollt reiche Frucht bringen (Joh 5,8). Wenn ich diese Nadeln (Nägel) in die Nähe der Kugeln bringe, werden sie von ihnen angezogen. Wenn wir die gute Nachricht von Jesus weitersagen, dann wirken wir missionarisch; andere horchen auf und werden angezogen.

Oder: Kinder lesen uns vor, wie sich das zeigen kann, aus der Verbindung mit Jesus gute Früchte zu bringen:

1. Kind: Eines Tages kam ein Winzer zum Kloster am Rande der Stadt. In seiner Hand hielt er eine große Weintraube mit herrlich reifen, saftigen Beeren. Er ging damit zum Bruder an der Pforte und sagte:

2. Kind: „Bruder Pförtner! Ich habe die schönste Weintraube aus meinem Weinberg mitgebracht. Raten Sie mal, wem ich damit eine Freude machen will?"

3. Kind: Nach kurzem Überlegen gab der Bruder zur Antwort: „Ich vermute, Sie wollen dem Abt eine Freude machen oder sonst einem Pater oder Bruder. Ich weiß es nicht."

1. Kind: Da lachte der Winzer: „Ihnen, lieber Bruder Pförtner, Ihnen will ich eine Freude machen."

2. Kind: Der Bruder wurde ganz rot vor Freude. Er bedankte sich herzlich: „Das finde ich aber toll. Dieses Geschenk habe ich aber gar nicht verdient!"

3. Kind: „Doch“, sagte der Winzer, „Sie sind immer so freundlich. Und ich brauche so oft Ihre Hilfe. Da dachte ich, die Freude mache ich Ihnen! – Auf Wiedersehen!“

1. Kind: Der Bruder legte die Weintraube vor sich hin. Er erfreute sich an ihrem Anblick. Eigentlich war sie viel zu schön, um eine Beere davon abzupflücken. So saß er den ganzen Nachmittag davor. Dann hatte er eine Idee:

2. Kind: „Ich weiß was! Ich schenke die Traube unserem Vater Abt. Der wird sich freuen!“ Und der Bruder Pförtner trug sie zu dessen Zelle.

3. Kind: Der Abt freute sich wirklich über dieses überraschende Geschenk. Aber als er abends einen kranken Pater besuchen wollte, da kam ihm der Gedanke: „Den kannst du sicher mit dieser Traube froh machen!“

1. Kind: Und so wanderte die Traube weiter. Sie blieb auch nicht bei dem Kranken.

2. Kind: Schließlich kam sie wieder beim Bruder Pförtner an. Der wusste natürlich sofort, wie das geschehen konnte. Und er lächelte still.

3. Kind: So hatte sich ein Kreis geschlossen. Ein Kreislauf der Freude.

Pr.: Wer liebt, der bleibt mit Gott verbunden; der bringt reiche Frucht.

(Vgl. „Kurzgeschichten 1“, Nr. 19)

Fürbitten (Dankmesse)

Pr.: Wir rufen zu Jesus Christus, der beim Vater für uns eintritt:

1. Kind: Ziehe alle an dich, die dich mit ehrlichem Herzen suchen. – *Liedruf*

2. Kind: Bewege alle zur Umkehr, die dir den Rücken zukehren. – *Liedruf*

1. Kind: Schenke Bischöfen und Priestern, den Ordensschwestern und Katecheten und allen im Weinberg des Herrn neue Anziehungskraft. – *Liedruf*

2. Kind: Lass auch uns den Kreislauf der Liebe versuchen. – *Liedruf*

Pr.: Denn dann ehren wir dich, heute und alle Tage unseres Lebens.

Gemeinsam mit Jesus auf dem Weg

Symbol Fisch

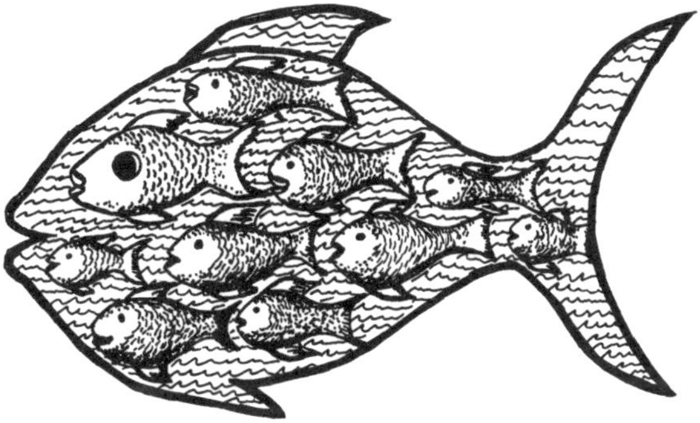

Vorbemerkung
Siehe „Wichtige Hinweise" auf Seite 8.

Vorbereitungen

1. Jedes Kommunionkind bastelt mit seinen Geschwistern oder Eltern einen 1 m großen Fisch, auf dem sein Vorname steht. Die Fische aller Kommunionkinder liegen *im Mittelgang* auf einer grünblauen (= Wasser) Papierbahn.
   Jedes Kommunionkind malt auch noch einen ca. 25 cm großen Fisch, auf dem sein Foto zu sehen ist. Diese Fische werden *auf einer großen Tafel* nach „Swimmy"-Art zu einem einzigen großen Fisch zusammengeklebt. Sind es nur wenige Kommunionkinder, können noch andere Fische nach Schablone hergestellt und dazugeklebt werden. Diese „anderen" Fische sind gut deutbar (vgl. Predigt, Punkt 2). Das Auge dieses „Swimmy"-Fisches ist eine entsprechend große Darstellung des auferstandenen Christus. Vom Maul des Fisches können Luftblasen aufsteigen, in denen geschrieben steht: Zeig uns den Weg!
   Vor dem Altar kann ein Netz mit vielen Fischen zu sehen sein (vgl. Evangelium und Predigt, Punkt 3). In Alternative zu Punkt 2 der Vorbereitungen können auch diese Fische mit den Fotos der Kinder beklebt werden.

2. Wir stimmen auch jeweils das *Kommunionandenken* auf das besprochene Symbol ab. Hier eignet sich sehr gut das Bronzekreuz der Firma Carl Ludwig, Postfach 950 267, D-81518 München, Tel. 0 89 / 692 63 10, Fax / 69 52 67, Bestellnummer 407107/ 9,5 x 8 cm. Möglich auch von der Firma Heinrich Kissing, Postfach 348, D-58684 Menden, Tel. 0 23 73 / 93 71 -17, Fax / 93 71 77, die Bestellnummern 402/ 9,5 cm und 250/ 8 cm; *oder* vom Kunstverlag D-56653 Maria Laach „Netz u. Fische", Bestellnummer 332/8.

Festgottesdienst

Einzug – Begrüßung – Erneuerung des Taufgelöbnisses

Tagesgebet

Herr, unser Gott. Überall hier in der Kirche ist das Symbol des Fisches zu sehen ... Wir denken dabei an deinen Sohn Jesus Christus, der von dir ausgesandt wurde, damit wir alle zu dir finden, alle zu dir hinschwimmen. Darum bitten wir durch unseren Erlöser, durch Christus, unseren Herrn.

Sprechspiel

Pr.: Einige Kinder erzählen uns eine Geschichte vom Wasser und von Fischen.

1. Kind: Die Fische eines Flusses bewegte eine große Frage. Sie sprachen zueinander:

2. Kind: Man behauptet, dass unser Leben vom Wasser abhängt. Aber wir haben noch niemals Wasser gesehen. Wir wissen nicht, was Wasser ist.

1. Kind: Da sagten einige, die klüger waren als die anderen:

3. Kind: Wir haben gehört, dass im Meer ein gelehrter Fisch lebt, der alle Dinge kennt. Wir wollen ihn suchen und ihn bitten, uns das Wasser zu zeigen.

1. Kind: So machten sich einige auf und kamen auch endlich in das Meer. Sie fragten den großen, gelehrten Fisch. Als der Fisch sie angehört hatte, sagte er:

4. Kind: Ihr dummen Fische! Im Wasser lebt und bewegt ihr euch! Aus dem Wasser seid ihr gekommen. Zum Wasser kehrt ihr wieder zurück. Ihr lebt im Wasser, aber ihr wisst es nicht.

Pr.: So wie die Fische im Wasser leben, ohne es zu wissen, so leben wir in Gott. Unser Leben mit Jesus Christus hat mit dem Wasser der Taufe begonnen. Wir leben in Gott – und doch fragen viele Menschen: Wo ist Gott? Paulus hat diese Frage schon vor fast zweitausend Jahren ähnlich beantwortet. Er schrieb in der Apostelgeschichte: „In ihm leben wir, bewegen wir uns und sind wir" (Apg 17,28).

(Nach Kurt Bucher, Der gelehrte Fisch, vgl. „Kurzgeschichten 1", Nr. 95)

Instrumentalmusik

Evangelium

Vorwort: Vor dem Altar seht ihr Fische in einem Netz. Wir hören eine Geschichte aus der Bibel, in der 153 große Fische im Netz zappelten. So viele Fischsorten waren damals bekannt. Das heißt also: *Alle* Menschen sollen im Netz Gottes gesammelt werden. – Ich *erzähle* euch ausnahmsweise diese Geschichte.

Es war nach der Auferstehung Jesu. Die Jünger waren an den See von Tiberias zurückgekehrt und gingen wieder ihrem Beruf nach. Petrus sagte zu den anderen: „Ich gehe fischen." Sie sagten: „Wir kommen mit!" Aber in der ganzen Nacht fingen sie nichts. (Und jeder Angler weiß, dass nachts die Fische an die Oberfläche kommen.)
Als es Morgen wurde, stand Jesus am Ufer. Aber die Jünger erkannten ihn nicht. Jesus fragte sie: „Habt ihr etwas zu essen?"
Sie antworteten traurig: „Nein."
Da forderte er sie auf: „Werft das Netz auf der rechten Seite des Bootes aus und ihr werdet etwas fangen."
Sie warfen das Netz aus und konnten es nicht wieder hereinziehen, so voller Fische war es! Da erinnerte sich Johannes und flüsterte Petrus zu: „Es ist der Herr!" Spontan, wie Petrus war, sprang er ins Wasser und schwamm zu Jesus. Dann erst kamen die anderen Jünger und zogen das Netz mit den vielen Fischen hinter sich her. 153 Fische zählten sie!
Am Ufer sahen sie ein Kohlefeuer und darauf Fisch und Brot. Jesus lud sie zum Essen ein, brach das Brot und den Fisch und gab es ihnen. Jeder wusste: Es ist der Herr; aber keiner wagte ihn danach zu fragen. So erkannten die Jünger wieder einmal: Jesus lebt – und im Mahl ist er mitten unter uns! (frei nach Joh 21,1–14).

Oder: Jesus stillt den Hunger der Menschen durch Brote und Fische:
Mt 14,13–21 (Die Speisung der Fünftausend).

Predigt

Und sie erkannten: Jesus lebt und ist im Mahl mitten unter uns. Ähnlich haben auch die vielen Menschen in der Wüste (des Lebens) erfahren: Jesus kann unseren (inneren) Hunger stillen: In den Zeichen von Brot und Fisch (siehe alternatives Evangelium).

Vom Symbol „Fisch", dem Zeichen für unseren Erlöser Jesus Christus, darf ich euch jetzt erzählen:

1. Von den Fischen im Mittelgang haben wir eben gehört: Wir alle sind unterwegs im Meer der Zeit und suchen die Richtung, in der wir den großen Haien unserer Welt entfliehen können. So viele rufen verzweifelt: Wo ist denn der gute Gott, der uns retten will? Das Sprechspiel gab uns die Antwort: „Wir leben und bewegen uns bereits in Gott. Es ist vertane Zeit, auf Beweise zu warten. Wir brauchen nur die Häute von unseren Augen zu ziehen, die uns blind gemacht haben. Wir leben in Gott wie die Fische im Wasser. Er umgibt uns von allen Seiten.
2. Auf der großen Tafel haben sich die Fische unserer Kommunionkinder noch mit vielen anderen Fischen zusammengetan und bilden dort einen riesigen Fisch. Ihr kennt die „Swimmy"-Geschichte ...: Nur gemeinsam sind wir stark! Wir brauchen den gemeinsamen Glauben der Eltern, Paten, älteren Geschwister und Mitschüler. Sonst werden wir von den großen „raffgierigen" Fischen und den „Spötter"-Walen aufgefressen! Das Auge des Riesenfisches ist ein Bild von Jesus Christus, der mit der Siegesfahne in der Hand aus dem Grabe steigt. Er weiß den Weg zum Vater. Ihm können wir uns anvertrauen, weil er Angst, Leid und den schlimmsten Abgrund, den Tod, überwunden hat. Ihn bitten wir – es steht in den Luftblasen: Zeig uns den Weg!
3. Im Netz vor dem Altar sind unsere Kommunionkinder geborgen. Es gibt ja nicht nur das Netz, das gefangen hält, sondern auch das Netz, das retten kann wie das Sicherheitsnetz im Zirkus oder das Sprungtuch der Feuerwehr ... Im Netz Gottes sind wir vor den Haien sicher, die uns bedrohen. Aber was ist das Netz Gottes? Zunächst und für alle spürbar ist es das Netz unserer Gemeinde. Ich sage nicht ohne Absicht, wenn wir ein Kind getauft haben und seinen Namen in der hl. Messe vermelden: „Jetzt übernehmen wir als Gemeinde Verantwortung für dieses Kind." Jede Gemeinschaft von Christen ist wie ein Netz unter den Füßen unserer Kinder und Jugendlichen und wir haben darauf zu achten, dass keiner durch die Maschen geht. Darum an dieser Stelle herzlichen Dank allen Frauen und Männern, die diese Kinder im Namen der Gemeinde mit vorbereitet haben. Danke allen, die sie einmal zur Firmung führen werden oder sie durch ein lebendiges Angebot in unserer Pfarrei – von Gruppen bis zu Ferienmaßnahmen – halten und behüten helfen. Gerade heute brauchen un-

sere Familien diese Unterstützung, aber besonders *Ihr Vorbild,* liebe Eltern! Denn Ihr Kind ist Ihrem Vorbild – auch Ihrem Glauben – ausgeliefert. Ja, ich darf das harte Wort wiederholen: Ihr Kind ist Ihnen – nicht nur im Glauben – ausgeliefert!

Meditationsmusik

Fürbitten (Festmesse)

Pr.:	Herr, unser Gott. Du willst, dass wir uns wohl fühlen wie ein Fisch im Wasser. Wir bitten dich:
Mutter:	Du hast uns Kinder anvertraut als die kostbarste Gabe auf Erden. Lass uns zu Hause für eine Atmosphäre sorgen, in der der Glaube an dich und deinen Sohn wachsen kann. – *Liedruf*
Tischmutter/ -vater:	Wir haben als „Tischmütter“ diese Jungen und Mädchen ein halbes Jahr lang begleitet und mit ihnen zusammen versucht, deine Nähe – auch im Brot des Lebens – immer mehr zu begreifen! Lass sie ein Leben lang in deiner Liebe leben! – *Liedruf*
Kommunion-kind:	Fische leben gerne in Schwärmen. Auch uns hat die Vorbereitung in der Gemeinschaft einer Gruppe gefallen. Hilf uns, am Wochenende immer zur Gemeinschaft der Christen zu finden, um gemeinsam Gott zu loben und zu danken. – *Liedruf*
Vater:	In manchem Elternteil ist der Glaube durch Enttäuschungen, Bequemlichkeit und Gleichgültigkeit verkümmert. Gib, dass wir uns mit dem Angebot der Kirche Jesu Christi neu auseinander setzen: nämlich in der heiligen Kommunion eine Hilfe zu sehen auf unserem langen Weg zu Gott. – *Liedruf*
Pr.:	Darum bitten wir den, in dem wir gemeinsam stark sind und den Weg zum Vater finden: durch Jesus Christus, unseren Herrn.

Gabengebet

Herr, in den Zeichen von Brot und Fisch hast du die Menschen gestärkt. Stärke uns jetzt in diesen Gaben von Brot und Wein auf dem Altar. Darum bitten wir durch Christus, unseren Herrn.

Präfation

Ja, Gott, dir danken wir von ganzem Herzen. Denn in dir und mit dir dürfen wir leben wie ein Fisch im Wasser. Wir danken dir besonders für Jesus Christus, deinen Sohn. Er lässt uns nicht allein. Er schwimmt uns voran als der große Fisch, der den Weg zu dir kennt. Darum singen wir dir zu Ehren …

Nach der Kommunion

(Pr spricht vor, und alle Kommunionkinder wiederholen jede Zeile)

Jesus, wir *danken* dir:
In dir sind wir geborgen.
Du bist bei uns ein Leben lang.
Du schenkst uns Kraft zum Guten.
Jesus, wir *schenken* dir
unsere Hände und Füße,
Augen und Mund,
unser Herz und unser Denken,
Arbeit und Freude,
Ärger und Angst.
Jesus, wir *bitten* dich:
Hilf allen in der Not.
Schenke uns Reichen ein weites Herz!
Bring uns zum anderen Ufer!

Schlussgebet

Herr, was in der Taufe begonnen hat, haben wir im heiligen Mahl jetzt erfahren dürfen: Du bist uns zur Kraft und Lebensquelle geworden. Lass uns immer bei dir bleiben und den Weg zum Vater finden. Darum bitten wir durch Christus, unseren Herrn.

Bausteine für die Andacht

Sprechspiel mit Zeichnungen

Jedes Kind zeigt sein gemaltes Bild nach allen Seiten, spricht seinen Text, den es von der Rückseite des hochgehobenen Bildes abliest, und reiht sich dann gut sichtbar mit seinem Bild in einen Halbkreis ein.

1. Kind: *(zeigt sein Bild mit einem Fisch im Wasser)*
Wie ein Fisch im Meer, so leben wir in dir, Gott. Denn in dir leben wir, bewegen wir uns und sind wir. –
Herr, wir danken dir, dass du uns von allen Seiten umgibst. Wir bitten dich: Lass *alle* Menschen deine Güte und Liebe spüren.

2. Kind: *(zeigt sein Bild mit einem größeren Fisch, auf dem das ☧-Zeichen für Jesus Christus gemalt ist, und zwei bis drei kleinere Fische, die hinter Jesus herschwimmen)*

Jesus, *der* Fisch, ist uns durch das Meer der Zeit entgegengeschwommen. Er hat uns gerettet: Mit ihm können wir Gott entgegenschwimmen. Im Wasser der Taufe haben wir begonnen, hinter Jesus herzuschwimmen. –
Herr, wir bitten dich: Lass viele Menschen dieses Angebot Jesu annehmen!

3. Kind: *(zeigt sein Bild mit fünf Broten und zwei Fischen)*
Jesus ließ einmal fünf Brote und zwei Fische an die hungernden Menschen austeilen. So gingen sie neu gestärkt durch die Wüste weiter. Wieder spielen Fische eine wichtige Rolle. –
Herr, wir bitten dich: Stärke durch deine Speise uns alle auf dem langen Weg durch die Wüste unseres Lebens.

4. Kind: *(zeigt sein Bild mit einer Häuserreihe; an jedem Haus ist ein Fisch als Erkennungszeichen zu sehen)*
Als die Christen blutig verfolgt wurden, galt der Fisch als ihr Geheimzeichen. Wenn einer den Kopf eines Fisches an ein Haus malte und ein anderer den Schwanz des Fisches anfügte, wussten beide ohne jedes Wort, dass sie Christen sind. Die Richtung des Fischkopfes zeigte den Weg zum geheimen Versammlungsort. –
Herr, wir bitten dich für alle Menschen, die um ihres Glaubens willen auch heute verfolgt werden oder deshalb benachteiligt sind.

5. Kind: *(zeigt sein Bild mit Wasser, durch Unrat vergiftet, mit ein bis zwei toten Fischen; aber die Hälfte des Bildes mit noch gesundem Wasser, in das einige Fische geflüchtet sind)*
Unsauberes Wasser verstopft die Luftwege der Fische; die Kiemenblättchen trocknen aus, und die Fische müssen sterben. Darum achten wir heute wieder auf sauberes Wasser: Wir gefährden uns ja letztlich selber.
Ähnlich ist es mit unserem Glauben an Jesus Christus: Er braucht besonders zu Hause eine gute Atmosphäre, wenn er wachsen soll. –
Herr, lass uns in einer Umgebung groß werden, in der unser Glaube nicht erstickt.

6. Kind: *(zeigt sein Bild mit bunten Fischen in einem Aquarium)*
Wenn diese bunten Fische im Aquarium nicht eingehen sollen, braucht das Wasser eine gleichmäßig warme Temperatur. So brauchen alle Menschen die Wärme der Herzlichkeit und des Verzeihens, um leben zu können. –
Herr, lass die Herzen der Menschen in so mancher Kälte dieser Welt nicht erfrieren!

7. Kind: *(zeigt sein Bild mit einem großen Schwarm von Fischen)*
Fische leben gern in Schwärmen. Sie fühlen sich in einer Gemeinschaft wohl. Gemeinsam fällt alles leichter. – Darum treffen sich auch die Christen am Wochenende in der Kirche: Sie erfahren, dass sie nicht allein unterwegs sind. Gemeinsam loben und danken sie Gott. –
Am Ende unseres Lebens wird uns Gott vielleicht fragen: Warum hast du deine Brüder und Schwestern nicht mitgebracht?
Herr, lass uns nie aus dieser Gemeinschaft herausfallen. Und hilf allen, die sich entfernt haben, wieder zu dieser Gemeinschaft zurückzufinden.

8. Kind: *(zeigt sein Bild mit Fischen im Netz)*
Petrus war ein einfacher Fischer. Er fing am See Gennesaret die Fische mit einem großen Netz. Christus gab ihm den Auftrag: „Von nun an sollst du Menschen fangen!" Dazu fordert er auch uns auf. Wir bringen anderen Menschen die frohmachende Botschaft von Jesus Christus durch ein liebendes Herz, offene Augen und helfende Hände. –
Herr, gib uns Phantasie, Mut und Liebe, für dich „Menschenfischer" zu sein.

Bausteine für die Dankmesse

Evangelium

Vorwort: Wir hören eine weitere Stelle aus der Hl. Schrift, in der von einem Fisch die Rede ist.

Die Jünger waren in Jerusalem versammelt und erzählten untereinander, wie sie den auferstandenen Herrn erlebt hatten. Während sie noch darüber redeten, trat er selbst in ihre Mitte und sagte zu ihnen: „Friede sei mit euch!" Sie erschraken und hatten große Angst, denn sie meinten, einen Geist zu sehen. Da sagte er zu ihnen: „Was seid ihr so bestürzt? Warum lasst ihr in euren Herzen solche Zweifel aufkommen? Seht meine Hände und Füße an! Ich bin es selbst. Fasst mich doch an und begreift: Kein Geist hat Fleisch und Knochen, wie ihr es bei mir seht." Bei diesen Worten zeigte er ihnen seine Hände und Füße. Sie staunten, konnten es aber vor Freude immer noch nicht glauben. Da sagte er zu ihnen: „Habt ihr etwas zu essen hier?" Sie gaben ihm ein Stück gebratenen Fisch. Er nahm es und aß es vor ihren Augen (Lk 24,36–42).

Predigt

Wie schwer waren die Jünger zu überzeugen, dass Jesus wirklich lebt! Das zeigt: Sie hatten gar nicht mit seiner Auferstehung gerechnet. Aber dann waren sie überzeugt. An Pfingsten entzündete Gottes Geist noch ihren Mut und sie zogen hinaus in alle Welt. Sie legten unter Einsatz ihres Lebens Zeugnis dafür ab, dass Jesus lebt und uns im Mahl ganz nahe ist. – Über eine unendliche Kette ist es bis zu uns weitergesagt worden und so sage ich es auch euch: Jesus ist wirklich von den Toten auferstanden. Er will uns an die Hand nehmen und in Brot und Wein gibt er sich uns zur Speise auf unserem Weg zum Vater.
Diese Botschaft weiterzugeben ist in den ersten Jahrhunderten nicht leicht gewesen. Die Christen wurden verfolgt, in die Gefängnisse gesperrt oder den wilden Tieren vorgeworfen. Schließlich lebten sie ganz im Untergrund. Und zu ihren geheimen Zusammenkünften in den Katakomben führte sie das Geheimzeichen des Fisches (hier eventuell noch einmal das vierte Bild aus der Andacht zeigen). Von einem tapferen Jungen aus der damaligen Zeit möchte ich euch erzählen: Er hieß nicht Tarzan, sondern Tarzisius. (Hier kurz die Geschichte erzählen, wie etwa in meinem Topos-Taschenbuch „Kommuniongeschichten“, S. 78)
Heute gibt es auch viele Kinder, die um ihres Glaubens willen große Nachteile in Kauf nehmen müssen. Wir in Deutschland haben es gut, vielleicht zu gut. Und doch gibt es hier und heute Kinder, die dich um deines Glaubens willen verprügeln – nicht mit Fäusten, sondern mit Worten, die wehtun wie spitze Steine. Fragt mal eure älteren Geschwister nach solchen Worten; sie heißen: „Was, du gehst noch in die Kirche? Du bist so verrückt, an Jesus zu glauben? …“
Darum *(Pr zeigt auf den „Swimmy-Jesus-Fisch“)* brauchen wir die Gemeinschaft vieler Christen, ihr besonders die eurer Eltern und Geschwister, damit wir von solchen „Haien“ nicht aufgefressen werden. Wir brauchen auch weiterhin dieses gemeinsame Zusammenkommen hier; dazu ruft uns Jesus an jedem Wochenende. Und wir als Gemeinde (Netz! Siehe Predigt des Festgottesdienstes, Punkt 3) bieten euch die Gemeinschaft von Gruppen an (hier auf das Angebot der Ministranten-, KJG-Gruppen etc. eingehen): Sie helfen, im Netz Gottes und der Kirche zu bleiben.

Geeignet ist auch das japanische Märchen von dem Jungen Oschoo, der für seine sterbenskranke Mutter unter Einsatz seines Lebens den rettenden Fisch fängt. Siehe „Kurzgeschichten 1“, Nr. 60.

Nach der Wandlung

1. Kind: Jesus, du bist jetzt in der Gestalt des Brotes mitten unter uns.

2. Kind: Unsere Augen können nichts als Brot sehen. Aber unsere Priester und unsere Eltern haben uns weitergesagt, was du selbst gesagt hast: In diesem Brot bist du selbst, Jesus. Jesus ist *das* Brot für unser Leben.

3. Kind: Wer zu Jesus kommt, braucht nicht mehr zu hungern. Wer von diesem Brot isst, wird in Gottes Augen erst richtig leben.

1. Kind: Jesus, wir danken dir dafür. – Geh mit uns heute und alle Tage. Mit allen Menschen auf der weiten Erde wollen wir dich loben und preisen.

2. Kind: Lass unsere Liebe zu dir immer stärker werden. Lass uns so leben, wie du es uns gesagt hast.

3. Kind: Wir wollen von diesem heiligen Brot essen. Alle, die von diesem Brot essen, sollen untereinander eins sein und einander lieben.

Der Quell lebendigen Wassers

Symbol Wasser

Vorbemerkung

Siehe „Wichtige Hinweise“ auf Seite 8.

Vorüberlegungen

„Wer an mich glaubt, wird nicht mehr dürsten“ (Joh 6,35). Dieser Satz ließ mich nicht los. Ein einfacher Gedanke: Ohne Wasser kein Leben! Der Mensch kann lange hungern, aber ohne zu trinken, überlebt er nicht lange. Eine Zeitungsnotiz bestätigte es wieder: In Japan war ein Autofahrer verunglückt. Mit seinem Wagen war er eine Steilböschung 40 m hinuntergestürzt, blieb aber am Leben, weil er trotz gebrochener Glieder zu einer Quelle kriechen konnte: Acht Tage lag er so da! – Oder viele erinnern sich an das spannende Buch von Hans Bertram „Flug in die Hölle“: Zwei Flieger wurden zu einer Notlandung in der Wüste gezwungen. Sie waren vierzig Tage ohne Essen – aber nicht ohne Trinkwasser. Deshalb überlebten sie! – Was kann erst dem möglich sein, der zu dem Wasser gelangt, das Christus uns versprochen hat!

Vorbereitungen

1. Ein Bild auf einer *großen Tafel* zeigt das Kreuz als Quell lebendigen Wassers (= aus der Seite Jesu oder aus seinen Wunden), den der Brunnen der Kirche

auffängt und in den sieben Sakramenten weitergibt (siehe Sprechspiel der Messe). Dieses Bild hat natürlich den Nachteil, dass es ein personales Geschehen kaum deutlich machen kann. Sympathischer noch wäre deshalb ein Bild von Jesus Christus, dem Ursakrament, der in seinem Leben, Sterben und Auferstehen die Kirche als fortlebenden Christus gestiftet hat. Bildlich ausgedrückt: Die Einzelsakramente wären die ausgestreckten Arme dieses fortlebenden Christus. Arme, die sich dem Menschen in besonderen Lebenssituationen hilfreich zuwenden.

Durch den *Mittelgang der Kirche* ergießt sich der Quell aus dem Kreuz (auf eine Papierbahn gemalt), aus dem alle Kommunionkinder (entsprechend viele Schalen mit den Vornamen der Kinder) schöpfen.

2. Das *Kommunionandenken* für die Kommunionkinder kann ebenfalls auf dieses Motiv abgestimmt werden; es zeigt die Rettung des versinkenden Petrus durch Jesus (Mt 14,22–33): Ein Kreuz von Egino Weinert, K 64K, zu beziehen von den Ursula-Werkstätten, Marzellenstr. 42, D-50668 Köln.

Festgottesdienst

Einzug – Begrüßung – Erneuerung des Taufgelöbnisses

Bußakt

Pr.:	Ohne Wasser kann nichts leben: Keine Pflanze, kein Tier, erst recht nicht der Mensch (Sahel-Zone ohne Wasser = Tod). Im Mittelgang fließt ein breiter Strom Wasser, aus dem alle Kommunionkinder in diesem Gottesdienst schöpfen wollen. Denn es ist ein besonderes Wasser! Aber zuerst wollen wir uns vor Gott verneigen und bekennen, dass wir nicht immer so waren, wie Gott und die Menschen uns gerne sehen.
1. Kind:	„Gott klagt“, so steht in der Bibel, „mich, den Quell des lebendigen Wassers, habt ihr verlassen!“ (Jer 2,13; 17,13). Für alles nehmen wir uns Zeit, aber kaum Zeit für Gott.
Pr.:	Herr, erbarme dich!
Alle:	Herr, erbarme dich!
2. Kind:	In der Bibel steht: Wenn dein Feind Durst hat, so gib ihm Wasser (Spr 25,21)! – Wir aber sind oft nur zu unseren Freunden gut.

Pr.: Christus, erbarme dich!

Alle: Christus, erbarme dich!

3. Kind: Johannes der Täufer rief in der Wüste: „Ändert euch!“ Da ließen sich die Menschen im Wasser untertauchen. Gott wusch ab ihre Schuld. – Wir vergessen zu oft, dass wir seit der Taufe zu einem Leben mit Christus berufen sind.

Pr.: Herr, erbarme dich!

Alle: Herr, erbarme dich!

Pr.: Der allmächtige Gott erbarme sich unser. Er wasche uns rein von unserer Schuld und schenke uns einen neuen Anfang.

Tagesgebet

Herr, unser Gott. Diese Kommunionkinder und wir alle möchten aus der Quelle des Erbarmens und der Güte, aus der Quelle deines Sohnes trinken, damit wir ein Leben lang die Kraft haben, auf dem Wege zu dir zu bleiben. Darum bitten wir durch …

Evangelium

Jesus sagte der Frau am Jakobsbrunnen: „Wer von dem Wasser dieses Brunnens trinkt, wird wieder durstig werden. Aber wer von dem Wasser trinkt, das ich ihm geben werde, wird nicht mehr durstig sein. Denn das Wasser, das ich ihm gebe, wird in ihm zur Quelle werden. Diese Quelle strömt Wasser aus für das ewige Leben.“ Da sagte die Frau zu ihm (und wir sprechen es mit ihr): „Herr, gib mir *dieses* Wasser (von dem du sprichst)!“ (Joh 4,13–15a).

Sprechspiel

Pr.: Heute empfangt ihr, Kinder, Wasser aus der Quelle Jesu Christi. Das will auch unser Bild auf der großen Tafel sagen: Einige Kommunionkinder werden es uns erklären.

1. Kind: In der guten Nachricht des Apostels Johannes steht geschrieben: Als die Soldaten zu Jesus kamen, sahen sie, dass er schon tot war. Darum zerschlugen sie ihm die Beine nicht, sondern ein Soldat stieß die Lanze in das Herz von Jesus. Da floss sofort Blut und Wasser heraus. – Schon seit alter Zeit haben die Bischöfe und die Leute gesagt: Dieser Strom des Wassers aus dem Herzen Jesu ist die Quelle für unser ewiges Leben mit Gott.

(Kind bringt das Zeichen *zur Tafel. Es wird auf das Kreuz geheftet.)*

2. Kind: Dieses Wasser aus dem Herzen Jesu fließt in einen Brunnen. Dieser Brunnen ist die Kirche, die dieses Geschenk der Gnade Gottes auffängt. Ich wünsche mir die Kirche wie einen Brunnen, in den ich nicht nur an den „heißen" Tagen meines Lebens eintauchen kann.
(Kind bringt das aufgezeichnete Wort „Kirche" *zur Tafel; es wird zwischen die sieben Wasserstrahlen geheftet.)*

3. Kind: Die Kirche verteilt die Kraft, die aus dem Tod Christi kommt, in den sieben Sakramenten. Schon in der Taufe hat mich Gott ganz fest an seine Hand genommen.
(Kind bringt das Wort „Taufe"*; es wird auf den ersten Wasserstrahl geheftet.)*

4. Kind: Wir fallen oft in Sünde und Schuld. Gott bietet jedem durch Umkehr und Buße die Hand zur Versöhnung an.
(Kind bringt das Wort „Buße"*. Achtung: an die 4. Stelle heften!)*

5. Kind: Jeder spürt, wie oft er arm und schwach in den Augen Gottes dasteht. Wir werden neu gestärkt, wenn wir uns für Jesus in der heiligen Eucharistie (= Kommunion) öffnen.
(Kind bringt das Wort „Eucharistie"*: 3. Stelle!)*

6. Kind: Wenn wir größer sind, sollen wir noch mutiger für Jesus und seine Kirche eintreten und gegen alles Schlechte und Ungerechte kämpfen. Dafür werden wir bei der Firmung vom Bischof mit Chrisamöl gesalbt.
(Kind bringt das Wort „Firmung"*: 2. Stelle!)*

7. Kind: Immer wieder beruft Gott Männer, die noch viel mehr als wir das Wort Gottes verkünden und die Sakramente der Kirche spenden sollen. Ihnen legt der Bischof bei der Priesterweihe die Hände auf.
(Kind bringt das Wort „Priesterweihe"*: 6. Stelle!)*

8. Kind: Mein Vater und meine Mutter haben sich im Sakrament der Ehe miteinander und mit Jesus verbunden. Sie haben vor Gott und der Pfarrgemeinde versprochen, sich bis in den Tod zu lieben und die Liebe an mich (und meine/n Schwester/Bruder/Geschwister) weiterzugeben.
(Kind bringt das Wort „Ehe"*: 7. Stelle!)*

9. Kind: Wir können im Leben schwer krank werden. Dann ist es gut, wenn es einen Menschen gibt, der zu uns hält. Wir rufen auch den Priester, damit er uns mit dem Krankenöl salbt und uns innerlich stärkt. Dieses Sakrament hilft uns, alles Schwere geduldig und tapfer zu tragen, auch einmal das Sterben.
(Kind bringt das Wort „Krankensalbung“*: 5. Stelle!)*
(10. und 11. Kind treten gemeinsam nach vorne)

10. Kind: Sieben Sakramente teilt die Kirche aus. Die Geschenke Jesu bietet sie uns an.

11. Kind: Wir freuen uns, dass Jesus heute zu uns kommt im Sakrament der heiligen Kommunion. Danke, Jesus! Lass es den Anfang einer festen Freundschaft mit dir sein!

Instrumentalmusik

Fürbitten (Festmesse)

Pr.: Herr, unser Gott. Wir wissen: Du bist für uns da. Und wir wollen füreinander da sein. Deshalb bitten wir dich:

Vater: Herr, lass die Erstkommunionkinder und uns alle durch die Kraft deines Brotes in der Liebe zu dir und zum Nächsten wachsen. – *Liedruf*

1. Kind: Wir bitten für alle, die hier mit uns das Mahl feiern: Lass sie oft und gern zu diesem Mahl zusammenkommen. – *Liedruf*

2. Kind: Wir bitten für alle Menschen, die in großer Not und in Sorgen leben: Lass sie nicht verzweifeln. Zeige ihnen den richtigen Weg. – *Liedruf*

Mutter: Im Namen derer, die vor 25 oder 50 Jahren zur ersten hl. Kommunion gingen: Wir bitten dich um Kraft und Mut, den Kindern ein Vorbild zu sein. – *Liedruf*

Pr.: Wenn wir so füreinander bitten, sind wir durch Christus mit Gott und untereinander verbunden. Dabei helfe uns Gott, der Vater, durch Christus, unseren Herrn.

Gabengebet

Vater im Himmel. Wir brauchen die Gaben dieser Erde: das Brot, um den Hunger, und den Wein, um den Durst zu stillen. Verwandle Brot und Wein! Verwandle auch uns, dass wir dir gefallen und den Menschen Gutes tun – durch Christus, unseren Herrn.

Präfation

In Wahrheit ist es würdig und recht, dir, allmächtiger Vater, zu danken und dich mit der ganzen Schöpfung zu loben durch unseren Herrn Jesus Christus. Am Kreuz erhöht, hat er sich für uns dahingegeben aus unendlicher Liebe und alle an sich gezogen. Aus seiner geöffneten Seite strömen Blut und Wasser, aus seinem durchbohrten Herzen entspringen die Sakramente der Kirche. Das Herz des Erlösers steht offen für alle, damit sie freudig schöpfen aus den Quellen des Heiles. Durch ihn rühmen dich deine Erlösten und singen mit den Chören der Engel das Lob deiner Herrlichkeit: Heilig …

(Präfation vom heiligsten Herzen Jesu)

Nach der Wandlung

1. Kind: Jesus, du bist jetzt in der Gestalt des Brotes und des Weines mitten unter uns.

2. Kind: Unsere Augen können nichts als Brot und Wein sehen. Aber unsere Priester und unsere Eltern haben uns weitergesagt, was du selbst gesagt hast: In diesem Brot und in diesem Wein bist du selbst, Jesus. Jesus ist das Brot für unser Leben. Jesus ist der Trank für all unser Dürsten und Suchen.

3. Kind: Wer an Jesus glaubt, braucht nicht mehr zu dürsten. Wer aus der Quelle seines Erbarmens trinkt, wird in Gottes Augen erst richtig leben.

1. Kind: Jesus, wir danken dir dafür. Geh mit uns heute und alle Tage. Mit allen Menschen auf der weiten Erde wollen wir dich loben und preisen.

2. Kind: Lass unsere Liebe zu dir immer stärker werden. Lass uns so leben, wie du es uns gesagt hast.

3. Kind: Wir wollen von diesem heiligen Brot essen. Alle, die von diesem Brot essen, sollen untereinander eins sein und einander lieben.

Schlussgebet

Ja, Herr, wir danken dir für dein Wort und dein Brot. Geh mit uns alle Tage unseres Lebens, bis wir einmal ganz zu dir gehören dürfen. Das erbitten wir durch Christus, unseren Herrn. Amen.

Bausteine für die Andacht

Lied zu Beginn

Während des Liedes geht Pr durch die Kirche und besprengt alle mit Weihwasser.

Begrüßung

Was habe ich während des Liedes gemacht? (Erinnerung an unsere Taufe) Das Wasser erinnert euch an noch mehr!? (An die Erstkommunionfeier am Vormittag)

Andachtsteil

GL 779,1+2: Eucharistische Andacht: Das Opfer am Kreuz, Quelle des Lebens.

Sprechspiel mit Zeichnungen

Die Kinder zeigen ihre großen Bilder, sprechen ihren Text, der auf der Rückseite steht, und stellen sich dazu – für alle gut sichtbar (erhöht) – mit ihren Bildern nebeneinander oder zu einem Halbkreis.

Pr.: Die Kinder haben Bilder gemalt, zum Teil mit Hilfe der Eltern und Verwandten. Sie erzählen uns vom Symbol der heutigen Erstkommunion, dem Wasser.

1. Kind: Mein Bild zeigt das Paradies: Herrliche Bäume mit den schönsten Früchten. Die Bibel sagt: Vier Ströme durchflossen das Paradies. Das Wasser gab allen Bäumen Kraft und Leben.
Wir bitten dich, Gott: Gib unserer Erde genügend klares, sauberes Wasser. Dann bleibt in deiner herrlichen Schöpfung ein Stück Paradies sichtbar.

2. Kind: Mein Bild zeigt einen Baum, der an einen Bach gepflanzt wurde. Der Prophet Jeremia hat so einen Baum mit dem Menschen verglichen und geschrieben:
Gott sagt: Gesegnet ist der Mensch, der auf den Herrn vertraut. Er gleicht einem Baum, der am Wasser gepflanzt ist. Er hat nichts zu fürchten, wenn die Hitze (des Lebens) kommt. Auch im trockenen Jahr ist er ohne Sorge und hört nicht auf, Früchte zu tragen (Jer 17,7–8).

3. Kind: Mein Bild zeigt sechs Krüge. Ihr wisst sicher, welche Geschichte aus der Bibel hiermit gemeint ist. (Erfragen!) Ja, die Hochzeit von Kana: Die sechs Krüge, gefüllt mit Wasser. – Vielleicht sind es die Tränen unseres Lebens. –

Wir bitten dich, Jesus, verwandle sie in Wein. In Freude! Damit wir das Lachen nicht verlernen!

4. Kind: Mein Bild zeigt: Jesus wäscht Petrus die Füße. Jesus, der Meister, ist sich nicht zu schade, seinen Schülern einen Sklavendienst zu erweisen. – Gib, Jesus, dass wir als deine Jünger uns nie zu schade sind, dir und den Menschen zu dienen!

5. Kind: Furchtbare Wellen zeigt mein Bild. Das kleine Boot wird fast weggespült. Die Jünger haben schon keinen Mut mehr. Und Jesus schläft! –

Guter Gott! Wenn mich einmal die Stürme des Lebens packen, dann lass mich daran denken, was dein Sohn gesagt hat: „Warum habt ihr Angst? Euer Glaube ist noch zu klein! Ich bin doch bei euch!"

6. Kind: Mein Bild zeigt: Petrus ist aus dem Boot ausgestiegen und geht Jesus auf dem Wasser entgegen. Aber dann schaut Petrus nicht mehr auf Jesus; er bekommt Angst. Und weil er nicht mehr Jesus vertraut, geht er unter. – Mein Bild zeigt aber auch: Jesus streckt ihm die Hand entgegen. –

Guter Jesus! Lass auch mich deine Hand spüren, wenn der Boden unter meinen Füßen einmal nachgibt, wenn ich in einer Schuld oder einem Problem versinke.

7. Kind: Mein Bild ist ganz einfach. Zuerst ist da ein kleiner Bach, der im Gebirge entspringt. Er wird größer und größer. Und schließlich fließt er als breiter Strom ins Meer.

Mein Leben ist wie dieser Bach. Ganz klein wurde ich geboren. Werde größer und größer. Habe viele Hindernisse zu überwinden. Aber einmal fließe ich ins große Meer. –

Großer Gott. Ja, lass mich am Ende meines Lebens einmal münden in dir und ganz ruhig werden. Ganz still. Ganz froh. Ganz zufrieden.

Bausteine für die Dankmesse

Evangelium
Mt 14,22–33: Der Gang Jesu auf dem Wasser
oder: Lk 17,11–19: Der dankbare Samariter.

Predigtanregung
Geschichte vom alten Brunnen:
In der Nähe eines alten Bauernhauses lag ein alter Brunnen. Sein Wasser war ungewöhnlich kalt und rein und köstlich zu trinken. Aber das Besondere war: Er trocknete nie aus. Selbst bei der größten sommerlichen Dürre, wenn schon überall das kostbare Nass rationiert wurde, gab er getreu sein kühles, klares Wasser.
Dann kam die Zeit, wo alles modernisiert wurde. Das Haus wurde umgebaut; es wurde auch eine moderne Wasserleitung gelegt. Den alten Brunnen brauchte man nicht mehr. Er wurde verschlossen und versiegelt. So blieb es mehrere Jahre.
Eines Tages wollte ein Hausbewohner aus Neugierde noch einmal in die dunkle und feuchte Tiefe des Brunnens sehen. Er deckte den Brunnen ab und wunderte sich: Der Brunnen war total ausgetrocknet. Der Mann wollte herausbekommen, wie das geschehen konnte. Aber es dauerte lange, bis er den Grund erfuhr: Ein solcher Brunnen wird von Hunderten winziger Bäche gespeist, die unter der Erde für den ständigen Wasservorrat sorgen. Die winzigen Öffnungen der vielen Bächlein bleiben rein und offen, wenn immer wieder Wasser abgeschöpft wird. Wird ein solcher Brunnen aber nicht mehr benutzt, dann versiegen die Bäche.
So müssen auch wir ständig versuchen, zu lieben, zu schenken, zu glauben, damit unsere inneren Kräfte, unsere inneren „Bächlein", nicht versiegen. Hier kann sich unser bester Dank an Jesus zeigen.

(Nach John A. Sanford)

Oder: „Wasser lehrt das rechte Leben" (aus China), aus „Kurzgeschichten 4", Nr. 190.

Nahe dem Herzen Jesu

Symbol Herz

Vorbemerkung

Siehe „Wichtige Hinweise" auf Seite 8.

Vorbereitungen

1. *Im Mittelgang* liegen auf einer weißen Papierbahn die „Herzen" der Kommunionkinder (rotes Papier, etwa 80–100 cm Durchmesser; darauf steht der Vorname des Kommunionkindes). Die Papierbahn endet am Altar.
   Vor dem Altar ist ein Pelikan zu sehen, umgeben von seinen Jungen (vgl. Tagesgebet). Sollte die Anzahl der Kommunionkinder gering sein, kann sie mit der Zahl der jungen Pelikane übereinstimmen.
   Alternative: Bei einer größeren Anzahl von Kommunionkindern kann im Mittelgang jede Tischgruppe als Pelikanfamilie dargestellt werden; evtl. tragen dann die Pelikanjungen die Vornamen der Kinder.
   Zusätzlich kann auf einer großen Tafel oder an einer Wand ein großes Herz (dazu das Buchstabenspiel HERZ JESU: siehe Predigt der Festmesse) Jesu angebracht werden. Auf dieses große Herz werden dann die kleineren „Herzen" der Kommunionkinder – jeweils mit deren Vornamen – geheftet. (Diese Darstellung kann noch Wochen im Chorraum verbleiben.)

2. *Das Andenken* für die Kommunionkinder wird ebenfalls auf dieses Motiv abgestimmt. Unter der großen Auswahl der angebotenen Kommunionandenken war allerdings kein Herz zu finden, wohl aber ein Kreuz mit einem roten, runden Glasstein in der Mitte, von dem die Kreuzbalken wie Lichtstrahlen auseinander streben. Erhältlich bei der Firma Heinrich Kissing, Postfach 348, D-58684 Menden, Bestell-Nr. 194, 9,5 cm, Tel. 0 23 73 / 93 71 -17, Fax /-77.

Festgottesdienst

Einzug – Begrüßung – Erneuerung des Taufgelöbnisses

Bußakt

Pr.:	Wir wollen uns besinnen und das Erbarmen Gottes anrufen:
1. Kind:	Gott spricht: Ein Herz, das bereut – das zerbrochen und geschlagen ist, weise ich nicht ab (Ps 50,19).
Pr.:	Herr, erbarme dich!
Alle:	Herr, erbarme dich!
2. Kind:	Gott spricht: Vor mir kann nur bestehen, wer reine Hände hat und ein ehrliches Herz (Ps 23,4).
Pr.:	Christus, erbarme dich!
Alle:	Christus, erbarme dich!
3. Kind:	Jesus spricht: Mein Vater wird unbarmherzig sein, wenn ihr eurem Bruder und eurer Schwester nicht von Herzen verzeiht (Mt 18,35).
Pr.:	Herr, erbarme dich!
Alle:	Herr, erbarme dich!
Pr.:	Lossprechungsbitte

Tagesgebet

Wir schauen auf das Bild vom Pelikan mit seinen Jungen vor dem Altar. –
Eine Fabel erzählt: In großer Hungersnot öffnete ein Pelikan mit seinem spitzen Schnabel sein Herz, um das eigene Blut seinen Jungen zu trinken zu geben. So verschenkte er nach und nach sein Leben. Er starb – die Jungen konnten gekräftigt ins Leben fliegen.
Vater im Himmel! Du hast ein Herz für uns. Wir denken daran, dass Jesus wie

dieser Pelikan sein Leben für uns dahingab und heute diesen Kindern zum ersten Mal mit seinem Leib den Hunger stillen will. Lass sie – und uns alle – aus dieser Liebe immer mehr Kraft schöpfen. Das bitten wir durch Christus, unseren Herrn.

Lesung

Statt dieses Tagesgebetes kann die Geschichte „Christus – der Pelikan" vorgelesen werden: „Kurzgeschichten 1", Nr. 51.
Oder: Ez 36,26–28: Ich gebe euch ein neues Herz in eure Brust.
Oder: 1 Petr 1,21.22: Hört nicht auf, einander von Herzen zu lieben.
Oder: 1 Joh 3,15–18: Wer sein Herz vor seinem Bruder verschließt, in dem ist nicht Gott.

Evangelium

Vorwort: Den Jüngern brannte das Herz.

So erreichten die beiden Jünger mit Jesus das Dorf Emmaus, zu dem sie unterwegs waren. Jesus tat, als wolle er weitergehen, aber sie drängten ihn und sagten: Bleib bei uns; es wird bald Abend, der Tag hat sich schon geneigt. Da ging er mit hinein, um bei ihnen zu bleiben. Und als er sich mit ihnen zum Essen niedergesetzt hatte, nahm er das Brot, sprach den Segen, brach es und gab es ihnen. Da gingen ihnen die Augen auf, und sie erkannten ihn; doch auf einmal war er nicht mehr zu sehen. Da sagten sie zueinander: Brannte uns nicht das Herz, als er unterwegs mit uns redete und uns den Sinn der Schrift erklärte? (Lk 24,28–32; evtl. bis 35)

Sprechspiel

Acht Kommunionkinder bringen jeweils „ihr Herz" und *einen Buchstaben. Die Buchstaben, richtig hintereinander geheftet, ergeben: HERZ JESU.*
Wenn die Kinder jeweils ihren Text gesprochen haben, geben sie das Herz einem Helfer an der großen Tafel, der es dann auf das große Herz Jesu heftet, auf dem schon die meisten Herzen der Kommunionkinder befestigt sind. Der Buchstabe wird an der richtigen Stelle im späteren Wort HERZ JESU angebracht.

Pr.: Neben den Herzen, die die Kinder nach vorne tragen, heften sie auch einen Buchstaben an die große Wand. Diese Buchstaben ergeben ein Wort, das uns auf die Mitte des heutigen Festes hinweist.

1. Kind: *(Buchstabe „E")*
Ich habe hier ein Herz. Es gibt viele Redewendungen, die etwas über das Herz aussagen, zum Beispiel:

Ich nehme mir etwas zu Herzen.
Er hat das Herz auf dem rechten Fleck.
Ich nehme mein Herz in beide Hände. –
Ich weiß: Jesus hat mich in sein Herz geschlossen. Ich möchte ihm – nicht nur heute – mein Herz schenken.

2. Kind: *(Buchstabe „S")*
In der Bibel steht: Gott heilt, die ein reuevolles Herz zeigen! (Ps 146,3; Jes 61,1; Lk 4,18). –
Herr, schenke mir ein Herz, das nicht stolz ist und meint, es komme ohne dich aus.

3. Kind: *(Buchstabe „Z")*
Es gibt auch Menschen mit einem Herzen wie aus Stein. Sie sind kalt, teilnahmslos. Die gefährlichsten Herzkrankheiten sind Hass, Neid und Geiz. – Vater im Himmel, schenke uns ein Herz, wie Jesus eins hatte: Ein Herz, das für andere schlägt.

4. Kind: *(Buchstabe „U")*
In der Bibel steht: Ein fröhliches Herz hält nicht nur das Gesicht jung. Es lässt ein Herz auch alt werden (Spr 15,13; 17,22).

5. Kind: *(Buchstabe „R")*
Ein Kaiser wollte erfahren, welche Sprache die Menschen von selbst anfangen zu sprechen. Pflegerinnen sollten fünfzig Findelkinder mit Essen, Trinken und Kleidung versorgen, ihnen aber kein liebes Wort schenken. Was geschah? Alle Kinder blieben stumm! Sie verkümmerten. Es wird weiter berichtet: Keines von ihnen wurde groß. –
Barmherziger Vater! Erhalte uns weiter Eltern und Paten und Freunde, die ein Herz für uns haben und uns sagen können: „Gott hat ein gutes Herz fur alle Menschen. Jesus hat sein Herz hingegeben für uns."

6. Kind: *(Buchstabe „J")*
In der Bibel steht: Die ersten Christen waren ein Herz und eine Seele. Sie teilten alles miteinander: Freude und Schmerz. –
Guter Jesus: Lass uns hier auch etwas von einer herzlichen Gemeinschaft spüren!

7. Kind: *(Buchstabe „H")*
Ein Dichter sagte: „Mensch, gibst du Gott dein Herz, so gibt er dir seines wieder." (Angelius Silesius)

8. Kind:	*(Buchstabe „E")* In der Bibel steht: Jesus sagt: Euer Herz ist jetzt traurig, weil ich fortgehe. Aber ich werde euch wieder sehen. Dann wird euer Herz sich freuen. Und eure Freude wird niemand von euch nehmen (Joh 16,22).

Kurzpredigt

Jetzt heißt es auf der Tafel „HERZ JESU". Angesichts dieses großen Herzens und der vielen aufgesteckten Herzen darf ich zwei Aufgaben an Sie stellen, liebe Eltern, Paten und Jubilare, ja, an Sie alle:

1. Denken wir zurück an die große Liebe unseres Lebens, zu der wir ja gesagt haben. Wenn ich jetzt eines jeden Herz nehmen und hier aufstecken würde: Wo dürfte ich es anbringen? Ganz nahe? Oder müsste ich es weit fortrücken?
2. Denken wir zurück an unseren Erstkommuniontag, an den Beginn unserer tieferen Freundschaft mit Jesus. Wenn ich jetzt wieder das Herz eines jeden anheften würde: Dürfte ich es noch auf dieses Herz Jesu heften? Wie weit entfernt ist es mittlerweile?

Aber schauen wir jetzt auf die Herzen unserer Kommunionkinder. Heute können sie den Herzschlag des Herzens Jesu spüren, wenn sie sich für ihn geöffnet haben. Aber wie ist es in fünf Monaten? Nach meiner Erfahrung hängt die Beantwortung dieser Frage weitgehend vom Vorbild der Eltern ab! Denn Christentum ist etwas zum Weitersagen, besser: zum Vorleben! Dann erst springt der Funke über. Aber wir möchten doch, dass diese Kinder weiterhin den Pulsschlag Jesu spüren! Dann haben sie nicht nur im Tod, sondern auch jetzt schon in guten und bösen Tagen mehr Halt.

Instrumentalmusik

Fürbitten (Festmesse)

Pr.:	Gütiger Vater. Wir rufen zu dir:
Mutter:	Schenke uns nicht nur Essen und Trinken und Kleidung – das ist schon sehr viel –, schenke uns vor allem herzliche Gemeinschaften, in denen wir uns wohl fühlen. – *Liedruf*
Vater:	Schenke – das bitte ich auch im Namen unserer Jubilare – besonders denen ein gutes Herz, die mit kranken und alten Menschen leben! – *Liedruf*
Kommunionkind:	Nimm uns die Blindheit des Herzens, dass wir diejenigen sehen, die einsam und vergessen am Wege stehen. – *Liedruf*
Tischmutter/-vater:	Schenke unserer hektischen Zeit Väter und Mütter, die ihren Kindern Zeit, Liebe und Gottvertrauen schenken. – *Liedruf*

Pr.: Dann finden wir zu dir, Vater im Himmel, und zueinander durch Christus, unseren Herrn.

Gabengebet

Herr, unser Gott, die Liebe Gottes ist in unsere Herzen ausgegossen (Röm 5,5). Schenke uns in diesen Gaben von Brot und Wein neu und spürbar die Fülle deiner Gnade. Das erbitten wir durch Christus, unseren Herrn.

Präfation

Ja, Vater, wir erheben unsere Herzen, um dir zu danken für …
Vor allem danken wir dir für deinen Sohn Jesus Christus. Er hat uns gelehrt, dass wir dich und den Nächsten von Herzen lieben sollen. Er hat uns gesagt: Am Ende zählt nur die Liebe. Das lebte er uns auch vor: Er ging für alle Menschen in den Tod. – Darum singen wir voller Freude mit allen Engeln und Heiligen …

Nach der Wandlung

Im Kanon erwähnen: Das Herz Jesu, von der Lanze durchbohrt, ist offen für alle …
Oder: Jetzt dürfen Sie staunen: Das Herz des Menschen ruht in einem Winkel von 23 ⅓ Grad in seiner Brust. Das ist genau derselbe Winkel, den auch die Erdachse einnimmt.
Oder: Wir wollen still werden und dabei auf das Herz Jesu schauen.

Friedensgruß

Wir legen unsere rechte Hand aufs Herz. – Mit der Hand, die wir jetzt auf unserem Herzen hatten, geben wir nun den Frieden weiter, den Jesus seinen Jüngern schenkt.

Kommunion

Seht, das Lamm Gottes, das mit seinem Blut auf dem Holz des Kreuzes uns alle gerettet hat. Jetzt mit dem Herzen ganz dabei sein!

Schlussgebet

(Wir schauen auf die vielen Herzen, die auf das Herz Jesu geheftet sind!)
Barmherziger Vater! Unser Herz liebt noch zu wenig, darum haben die Kinder ihr Herz auf das große Herz deines Sohnes gelegt: Er soll in ihnen atmen! Er soll in ihren Gedanken, Worten und Werken sein! Dann wird dein Reich der Liebe und des Friedens in dieser Welt spürbarer. Darum bitten wir durch Christus, unseren Herrn.

Bausteine für die Andacht

Andachtsteil

GL 780, 1+2: Lobpreis des göttlichen Herzens; Herz Jesu, voll Mitleid mit dem Volk.

Sprechspiel mit Zeichnungen

Jedes Kind zeigt sein gemaltes Bild nach allen Seiten, spricht seinen Text, den es von der Rückseite abliest, und stellt sich dann gut sichtbar mit seinem Bild zu einem Halbkreis auf.

1. Kind: *(Bild: Viel Geld – Goldmünzen und Scheine – und ein großes, rotes Herz)*
Eine Geschichte erzählt: Ein wohlhabender Kaufmann war immer reicher geworden. Aber je mehr er besaß, umso härter wurde sein Herz. Ja, er fühlte sich einsam und verlassen. Einmal begegnete ihm Bischof Nikolaus. Der gab ihm den guten Rat: „Wenn du nicht weiter traurig sein willst, dann verschenke dein Geld an Arme in Not!“ Und mit jeder guten Tat schmolz langsam der Stein in seiner Brust und er fühlte wieder sein Herz. –
Gott sagt in der Bibel: „Ich werde euch ein neues Herz geben und das Herz aus Stein aus eurer Brust nehmen!“ (Ez 11,19; 36,26).

2. Kind: *(Bild: Eine schöne, große, aufblühende Rose)*
Ein bekannter Dichter schenkte in Paris einer Bettlerin kein Geld, sondern legte eine Rose in ihre ausgestreckte Hand. Da stand die Frau auf, küsste seine Hand und ging mit der Rose davon. Eine Woche lang wurde sie nicht gesehen. – Diese Rose, diese Liebe, so viel Herz, hatte sie satt gemacht. –
Vater im Himmel. Lass mich beim Schenken auch ein Stück meines Herzens geben. Denn nur mit dem Herzen sehe ich gut.

3. Kind: *(Bild: Das Mädchen aus dem Sterntaler-Märchen in einem dünnen Hemdchen; vom Himmel fallen Sterne herab)*
Ein kleines Mädchen hatte keinen Vater mehr und keine Mutter, kein Zimmer und kein Bett. Nur noch die Kleider auf dem Leib und ein Stück Brot. Aber dieses Wenige gab das Kind noch ab an Ärmere. Als es schließlich sein letztes Hemdchen verschenkte, hatte der Himmel ein Herz: Die Sterne fielen als silberne Taler vom Himmel. Und es war reich sein Leben lang. –
Guter Jesus. Auch du hast gesagt: Schenken macht nicht ärmer. Gutheit ist keine Dummheit! Lass mich immer ein Herz haben für andere.

4. Kind: *(Bild: Eine Apfelsine, in zehn Einzelteile zerlegt)*
Aus einer schlimmen Zeit im vorigen Jahrhundert berichtet ein Mann: In einem Waisenhaus in der Nähe von London bekamen wir Jungen zu Weihnachten nur

eine Apfelsine geschenkt. Aber auch diese eine Apfelsine erhielt nur derjenige, der im ganzen Jahr immer folgsam gewesen war. In diesem Jahr bekam ich nichts, weil ich einmal versucht hatte, wegzulaufen. Ich wurde tieftraurig und weinte und wollte nicht mehr leben. Plötzlich kam ein Junge zu mir und gab mir eine Apfelsine. Ich merkte, dass sie bereits geschält war. Als ich genauer hinschaute, sah ich: Zehn Jungen hatten ihre Apfelsine fein säuberlich geschält und eine Scheibe abgetrennt. Diese zehn Scheiben hatten sie sorgfältig zu einer schönen, runden Apfelsine zusammengesetzt und mir geschenkt. Das war das schönste Weihnachtsgeschenk in meinem Leben. –
Vater im Himmel. Dein Sohn hat uns gesagt: „Liebe Gott und den Nächsten aus ganzem Herzen. Dann machst du im Leben nichts falsch!"

5. Kind: *(Bild: Der gelähmte Mann wird durch das Dach vor Jesus hingelegt, Mt 9,1–8)*
Wie wir aus der Bibel wissen, heilte Jesus dem gelähmten Mann nicht zuerst Arme und Beine, sondern das Herz. Jesus sagte: „Deine Sünden sind dir vergeben." –
Guter Gott. Gib, dass wir mehr auf die innere Gesundheit schauen als auf die äußere.

6. Kind: *(Bild: Viele Menschen stehen im Kreis und halten sich an den Händen. – Auch als Collage möglich)*
In der Bibel steht: „Die ersten Christen waren ein Herz und eine Seele. Sie teilten alles miteinander." –
Jesus Christus. Lass uns in deiner Kirche auch heute etwas mehr von einer guten Gemeinschaft spüren!

7. Kind: *(Bild: Ein großes Herz = Herz Jesu, durch den Lanzenstich geöffnet. Vielleicht werden um dieses Herz noch gezeichnet oder mit Bildern aus Zeitungen aufgeklebt: Mutter Teresa aus Kalkutta hilft Sterbenden; Feuerwehrleute bergen Verunglückte; Plakette: „Herz ist Trumpf" oder „Ein Herz für Kinder" etc. Oder biblisch: Zachäus im Baum; Jesus heilt Kranke; Jesus tritt für die Ehebrecherin ein etc.)*
Ein Soldat stieß Jesus mit der Lanze in seine Seite, in sein Herz. Und sofort floss Blut und Wasser heraus (Joh 19,34). Seitdem ist das Herz Jesu offen für alle. –
Guter Jesus! Mach auch mich und viele Menschen zu einer Quelle, aus der Güte und Erbarmen fließen.

Bausteine für die Dankmesse

Evangelium

Joh 15,12–14 (Es gibt keine größere Liebe als die, wenn einer sein Leben hingibt für seine Freunde)

Geschichte als Predigt

„Liebe kann das stärkste Eis tauen." Dieses japanische Märchen erzählt von dem Sohn braver Fischersleute, der seinen Körper auf das Eis eines Sees legt, um seine Mutter durch die heilende Kraft eines Fisches(!) vom Tode zu erretten: So hat Jesus sein Leben eingesetzt, um uns zu retten. – Siehe „Kurzgeschichten 1", Nr. 60 (nach L. Tetzner).

Oder: „Das Märchen vom reichen Prinzen und der Schwalbe." Eine Schwalbe verteilt alle Kostbarkeiten vom Denkmal des Prinzen an Arme in der Stadt. Sie hilft selbstlos: Die Kälte des Winters bricht darüber herein und tötet die Schwalbe. – Siehe „Kurzgeschichten 3", Nr. 125 (nach Oscar Wilde).

Jesus – unsere Mitte

Symbol Wagenrad

Vorbemerkung

Siehe „Wichtige Hinweise“ auf Seite 8.

Vorbereitungen

1. *Im Mittelgang* liegen auf einer Papierbahn, die durchweg grau-gelb bemalt ist, so viele Wagenräder, wie es Gruppen in der Vorbereitung gibt. Auf den Speichen stehen die Namen der Kommunionkinder, auf die Nabe ist ein Christusbild geklebt; auf der Felge befinden sich der Name dessen, der die Kleingruppe vorbereitet hat, und aus Zeitungen und Illustrierten ausgeschnittene und aufgeklebte Bilder, die Gemeinschaften zeigen.
   Vor dem Altar steht ein großes Wagenrad, das leicht irgendwo geliehen werden kann, weil es an oder in vielen Häusern als Zierde aufgehängt ist.
   Auf einer großen Tafel ist ein großer Karren mit vier alten Wagenrädern gemalt. Auf die Tragfläche sind die postkartengroßen Bilder der Kommunionkinder geklebt, dazwischen eine Japanerin, ein farbiger Junge etc.
2. Ein *Kommunionandenken* als Plakette, das ein Wagenrad zeigt, bietet der Kunstverlag D-56653 Maria Laach an: Bestell-Nr. 335/8. Wir entschieden uns damals für das Bronzekreuz K 46K von Egino Weinert, Marzellenstr. 42, D-50668 Köln, Tel. 02 21 / 13 54 69, Fax / 139 00 64. Es zeigt die Jünger im Abendmahlssaal in einem Kreis gruppiert um die Mitte von Brot und Wein. (Ähnlich auch K 48K.)

Festgottesdienst

Einzug – Begrüßung – Erneuerung des Taufgelöbnisses

Bußakt

1. Kind: Wir stehen in der Gefahr, uns selbst in den Mittelpunkt des Lebens zu stellen. Wir denken oft nur an uns selbst. – Darum rufen wir:
Pr.: Herr, erbarme dich!
Alle: Herr, erbarme dich!

2. Kind: Oft vergessen wir, dass Gott unser Ursprung und unsere Mitte ist. Er will auch uns Menschen untereinander verbinden.
Wir aber streiten oft und verletzen einander. – Darum rufen wir:
Pr.: Christus, erbarme dich!
Alle: Christus, erbarme dich!

3. Kind: Weil Gott uns hält, können wir andere leichter halten. Aber oft sehen wir die nicht, die ganz am Rande leben. – Darum rufen wir:
Pr.: Herr, erbarme dich!
Alle: Herr, erbarme dich!

Pr.: Der allmächtige Gott erbarme sich unser. Er nehme uns die Blindheit für Gott und den Nächsten. Damit *alle* Menschen gerne leben und Hoffnung haben auf das ewige Leben.

Tagesgebet

Mächtiger Gott. Du bist für uns wie ein barmherziger Vater und eine liebevolle Mutter. Lass uns heute feiern, dass wir mit unserem Bruder Jesus Christus wie Geschwister miteinander leben können. Er sei unsere Mitte und unser Halt. Darum bitten wir durch Christus, unseren Herrn.

Lesung

Pr.: Der heilige Paulus schreibt der Gemeinde in Korinth über das heilige Mahl, das Jesus eingesetzt hat:
1. Kind: Ich habe vom Herrn empfangen, was ich euch überliefert habe: Jesus, der Herr, nahm in der Nacht, in der er ausgeliefert wurde, Brot. Dann sprach er das Dankgebet, brach das Brot und sagte:
2. Kind: Das ist mein Leib für euch. Tut dies zu meinem Gedächtnis!
1. Kind: Ebenso nahm er nach dem Mahl den Kelch und sprach:
2. Kind: Dieser Kelch ist der Neue Bund in meinem Blut. Tut dies, sooft

	ihr daraus trinkt, um an mich zu denken! Denn sooft ihr von diesem Brot esst und aus dem Kelch trinkt, verkündet ihr den Tod des Herrn, bis er wiederkommt (1 Kor 11,23–26).
Pr.:	Lasst uns danken für Gottes Wort.

Evangelium

Vorwort – Pr.:	Jesus trat in die Mitte. Er ist der Mittelpunkt.
Kind:	Am Abend des ersten Tages der Woche, als die Jünger aus Furcht vor den Juden die Türen verschlossen hatten, kam – Jesus. Er trat in ihre Mitte und sagte zu ihnen:
Pr.:	Friede sei mit euch!
Kind:	Nach diesen Worten zeigte er ihnen seine Hände und seine Seite. Da freuten sich die Jünger, dass sie den Herrn sahen. Jesus sagte noch einmal zu ihnen:
Pr.:	Friede sei mit euch! Wie mich der Vater gesandt hat, so sende ich euch!
Kind:	Nachdem er das gesagt hatte, hauchte er sie an und sprach zu ihnen:
Pr.:	Empfangt den Heiligen Geist! (Joh 20,19–22).

Sprechspiel

Pr.:	Die Kommunionkinder halten uns heute die Predigt. Sie deuten uns das Zeichen des Wagenrades.
1. Kind:	Wie wichtig ist im Leben das Rad! Ohne Räder laufen keine Autos und keine Maschinen. Aus den ärmeren Ländern ist das alte Wagenrad auch heute noch nicht wegzudenken. Darum haben wir an unserem Erstkommuniontag das Wagenrad als Symbol gewählt.
2. Kind:	*(hält ein Stück Holz hoch)* Um eine Speiche im Wagenrad werden zu können, müssen die Ecken und Kanten dieses Holzes hier abgerundet werden. Darum haben wir in vielen Stunden Vorbereitung an uns gearbeitet: Wir möchten eine Speiche sein, die in das Rad hineinpasst.
3. Kind:	*(zeigt Bild mit einem Kreuz, das in eine Kirche gemalt ist, oder ein Jesusbild – zum Aufkleben auf die Nabe des Wagenrades)* Die Speichen in diesem Rad brauchen eine Mitte: Sie muss ausrichten, ordnen und halten. Diese Mitte ist für uns Jesus Christus – mit seiner Kirche. Jesus Christus ist unsere verbindende Mitte. In der hl. Kommunion werden wir mit ihm ganz eng verbunden. – Darum hefte ich jetzt das Christuszeichen auf die Mitte, auf die Nabe des Rades.

4. Kind: Auf jede Speiche im Rad kommt es an! Je mehr Speichen es hat, umso stärker wird es. Im Mittelgang liegen die vielen Speichen von zusammen … Kommunionkindern. – Hoffentlich halten wir auch nach der Kommunion noch gut zusammen!

5. Kind: Jesus Christus soll auch nach dem Fest noch unser Mittelpunkt sein. Wer die Mitte vergisst oder verlagert, gerät ins Schleudern. Und dann eiert das Rad!

6. Kind: Je näher die Speichen zur Mitte kommen, umso mehr nähern sie sich auch einander. Je mehr wir uns in der Kirche Jesus Christus nähern, umso mehr kommen wir uns auch gegenseitig nahe. In der heiligen Kommunion verbinden wir uns mit Gott und mit allen, die zu ihm gehören wollen. Darum muss hier aller Streit und Hass ein Ende haben.

7. Kind: Auch der äußere Kreis des Rades, die Felge, bindet und verbindet. Die Felge bedeutet die Liebe zu den anderen und zur Gemeinschaft. In der Nächstenliebe strahlt die Gottesliebe aus. In der Liebe zum Nächsten zeigt sich, ob die Verbindung mit Jesus ehrlich gemeint ist.

8. Kind: Beim Drehen des Rades werden die Speichen im wechselnden Spiel *be*lastet und *ent*lastet. Jede Last, die unsere Nächsten zu tragen haben, muss auf verschiedene Schultern verteilt werden. Dann wird keiner erdrückt. Das gilt für jede Gemeinschaft: für die Familie, einen Verein, die Pfarrfamilie und die Kirche in der weiten Welt.

9. Kind: Ein eiserner Reifen umschließt das Wagenrad. Er verleiht zusätzlich Festigkeit und Halt. Das Eisen macht das Rad stabil auf seiner Fahrt über steinige Wege. Das heißt: Zur Gottes- und Nächstenliebe gehören auch Treue, Ausdauer, Zuverlässigkeit und das Gebet um die Hilfe Gottes.

10. Kind: Auf der großen Tafel sitzen alle Kommunionkinder in einer großen Karre und schauen uns an. Wenn die Räder der Eltern und Erzieher halten, dann kommen wir noch ein gutes Stück weiter in unserer Gemeinschaft. Dann können wir auch andere Kinder aus der ganzen Welt mitnehmen.

11. Kind: Manchmal kann dieser Karren im Morast der Schwierigkeiten stecken bleiben. Es gibt ja so vieles, was uns in und an der Kirche ärgert. Dann wünschen wir uns Christen, die uns helfen, die Karre wieder flottzumachen: Damit es auf der Fahrt fröhlich zugeht und wir mit der großen Gemeinschaft ans ewige Ziel gelangen!

Kurzpredigt

Drei kurze Gedanken darf ich noch hinzufügen:

1. N.N. las eben: Dann können wir auch andere Kinder aus der ganzen Welt mitnehmen! Wir sehen im „Karren" der Kirche auf der großen Tafel auch eine Japanerin, einen farbigen Jungen und ein Indianermädchen. Unser Dorf (Stadtteil) ist nur ein winziger Teil der großen Kirche, selbst ganz Deutschland nur ein kleines Land. Aber wir schauen über unseren Kirchturm hinaus und übernehmen Verantwortung für alle, die ärmer sind als wir und unserer Hilfe bedürfen.
2. Die Kirche ist wirklich nur wie ein „Karren" und wird immer ein Hilfsmittel auf dem Weg zum großen Ziel bleiben. Sie braucht unsere Hilfe, um nicht auseinander zu brechen. Darum ein herzliches Dankeschön an all die Eltern, die ihr Kind auch von innen her begleitet haben. Danke auch den Müttern und Vätern, die euch in kleinen Gruppen vorbereitet haben.
3. Solange Sie, liebe Eltern, am Karren mitziehen, macht es Ihrem Kind schon durch Ihre Nähe und Begleitung mehr Spaß, im „Karren" der Kirche mitzufahren. Aber sobald Sie es alleine lassen, sobald es nur geschickt wird, steht es in der Gefahr, auch lieber auszusteigen. Insofern ist das Kind Ihnen „ausgeliefert"!

Meditationsmusik

Fürbitten (Festmesse)

Pr.: Jesus, Mitte der Welt und unsere Mitte hier in dieser Feier. Wir rufen zu dir:

Mutter: Du hast uns in den Kindern das kostbarste Geschenk auf Erden anvertraut. Lass uns zu Hause für eine Atmosphäre sorgen, in der der Glaube an Jesus als den Mittelpunkt unseres Lebens wachsen kann. – *Liedruf*

1. Kind: Es war schön in der Vorbereitungszeit auf die erste heilige Kommunion. Lass uns auch in Zukunft hier *gemeinsam* Gott loben und danken. – *Liedruf*

Vater: Manche von uns können nicht mehr an Jesus als die Mitte unseres Lebens glauben und sind aus dem „Karren" Kirche ausgestiegen – aus Enttäuschung, aber auch aus Bequemlichkeit und Gleichgültigkeit. Lass sie einen neuen Anfang im Vertrauen auf dich wagen. – *Liedruf*

2. Kind: Jesus, du Mitte unserer Gemeinde und der Kirche! Lass besonders

	alle, die suchen, aus deinem Wort und der heiligen Kommunion neue Kraft schöpfen: in einem Leben in dir und mit dir. – *Liedruf*
Tischmutter/ -vater:	Wir haben als Tischmütter und -väter diese Jungen und Mädchen ein halbes Jahr lang begleitet und versucht, ihnen Jesus als die Mitte des Lebens vor Augen zu stellen. Wir bitten dich, auch im Namen derer, die vor 25 und 50 Jahren zur ersten heiligen Kommunion gingen: Schenke allen Menschen, die ihre Mitte und ihren Halt verloren haben, neue Hoffnung und Menschen, die ihnen zur Seite stehen. – *Liedruf*
Pr.:	Denn, Herr, du willst, dass *alle* Menschen das Ziel des Lebens erreichen und wir dich *gemeinsam* loben und preisen durch Christus, unseren Herrn.

Gabengebet

Herr, unser Gott. In diesen Gaben von Brot und Wein bringen wir uns selbst dar – mit unseren Sorgen und Nöten, mit unseren Fähigkeiten und Hoffnungen. Schenke sie uns verwandelt zurück, damit wir den Weg zu dir leichter finden – durch Christus, unseren Herrn.

Präfation

... wir danken dir heute ganz besonders, weil Jesus in unsere Mitte kam, um uns Menschen mit dir und untereinander zu verbinden, damit die Welt nicht durcheinander gerät. Wir danken dir, dass Jesus unserem Leben Ziel und Sinn gibt. Darum singen wir mit allen, die aus dieser Mitte leben wollen, und mit allen Heiligen, die aus dieser Mitte gelebt haben, dir zu Ehren:

Schlussgebet mit Kindern

(Jede Zeile vorsprechen und von den Kommunionkindern laut wiederholen lassen)
Jesus, du unsere Mitte.
Verbinde uns mit Gott und den Menschen.
Halte uns ein Leben lang –
besonders in den Stunden der Not.
Versöhne uns immer wieder untereinander.
Durchdringe uns ganz und gar.
Lass die Menschen unsere Freude und Liebe spüren –
bis wir dich sehen von Angesicht zu Angesicht.
Amen.

Bausteine für eine Andacht

Sprechspiel mit Zeichnungen

Jedes Kind zeigt sein gemaltes Bild nach allen Seiten, spricht seinen Text, den es von der Rückseite des hochgehobenen Bildes abliest, und stellt sich dann gut sichtbar mit seinem Bild in einen Halbkreis ein.

1. Kind: *(zeigt sein Bild mit einem großen Wagenrad)*
Für unsere Gemeinschaft hier in der Kirche ist das Wagenrad ein schönes Sinnbild: Wir Christen sind wie Speichen, die von der Mitte Jesus Christus gehalten werden. Nach außen hält uns die Liebe zum Nächsten, denn wir sollen auch füreinander da sein mit all unseren Kräften.

2. Kind: *(zeigt ein großes Wagenrad ohne Nabe; die Speichen nicht ganz ausgerichtet)*
Es gibt viele Menschen, die sich nicht von Gott gehalten fühlen. Sie stehen leichter in der Gefahr, ihre Mitte zu verlieren, wenn ihnen Undank und Krankheit und Not begegnen.

3. Kind: *(zeigt großes Wagenrad ohne Felge; die Speichen nach außen sind nicht einheitlich ausgerichtet)*
Wir können noch so oft in die Kirche laufen oder beten: Menschen ohne Nächstenliebe sind wie Räder ohne Felgen. Und solche Menschen sind am Karren der Welt nicht zu gebrauchen.
Herr, hilf den Christen, aus der Gottesliebe immer wieder neue Kräfte zu schöpfen – besonders für die Menschen in Not.

4. Kind: *(Bild von einem Boot mit zwei Rudern)*
Wir als Speichen im Wagenrad brauchen den festen Halt in der Gottes- und Nächstenliebe. Es ist wie bei einem Boot: Mit nur einem Ruder drehe ich mich immer im Kreis. Wir brauchen zwei Ruder, um vorwärts zu kommen. Eine alte Regel der Mönche drückt das so aus: Bete *und* arbeite!

5. Kind: *(Ein geschnürtes Holzbündel. Ein Holz, das gebrochen ist)*
Viele Speichen machen ein Wagenrad stark und belastbar. Es ist wie mit einem Bündel Stäbe: Ein Stab ist leicht zu brechen. Viele Stäbe machen einander stark.
Herr, schenke uns starke Räder am Gefährt deiner Kirche!

6. Kind: *(Umriss eines Menschen, in den viele Menschenköpfe aller Rassen gezeichnet oder aus Illustrierten ausgeschnitten und geklebt sind. Darüber in der Mitte des Körpers ein Christusbild)*
Seit der Taufe sind wir alle Speichen im Rad der Kirche – oder wie viele Glieder am Leibe der Kirche. Wir sind aufeinander angewiesen und füreinander da. Die

Mitte dieses Leibes ist Christus. In ihm sind wir mit Gott und mit allen Menschen verbunden. Wenn ein Glied leidet, leiden alle anderen mit. – Herr, lass uns in unserem Überfluss die Menschen ganz am Rande nicht vergessen.

7. Kind: *(Kinder, die sich an den Händen halten, stehen im Kreis um einen Altar herum, der mit ☧ bezeichnet ist)*
Wenn wir uns sonntags in der Kirche um den Altar versammeln, dann treffen wir uns um unsere Mitte Jesus Christus. Wir begraben dabei allen Streit untereinander, damit wir auch miteinander verbunden bleiben.
Hilf, Herr, dass die Christen sich untereinander immer wieder versöhnen. „Vergib uns unsere Schuld – wie auch wir vergeben unseren Schuldnern."

8. Kind: *(Eine Osterkerze, um die in Symbolen oder mit Namen alle Sakramente angeordnet sind)*
Die Sakramente verbinden uns immer wieder ganz eng mit unserer Mitte, mit Jesus Christus. Wir danken dir, Herr, besonders für die heilige Kommunion. Wir sind so verschieden untereinander. Aber im Brot der Eucharistie werden wir untereinander eins.

9. Kind: *(Auf einer Karre stehen Kinder aus allen Nationen)*
Die Karre unserer Welt bleibt nicht stecken, wenn Arme und Reiche zusammenhalten, Kranke und Gesunde, Alte und Junge, Ferne und Nahe.
Hilf uns, Herr, dass wir Hand in Hand arbeiten, damit alle Menschen Zukunft haben.

Andachtsteil
GL 779,3 ohne den Konzilstext zu Beginn: Vermächtnis der Liebe …

Bausteine für die Dankmesse

Begrüßung
Gestern wurde in eure leere Hand, liebe Kinder, das kleine Stück Brot gelegt. Im Laufe des Tages wurde noch so viel dazugelegt: eine Uhr, der CD-Player, Schmuck, Briefumschläge mit Geld, Computerspiele … Jetzt ist das kleine Stück Brot verdeckt. Manche sehen es vielleicht nie mehr in ihrem Leben. Darum sind wir hier, um nachzudenken, um zu danken …

Kurzgeschichte: Das alte Mühlrad

1. Kind: In einem weit entlegenen Dorf stand an einem polternden Bach eine alte Mühle. Seit vielen Jahren wurde sie angetrieben von einem mächtigen Wasserrad. Jetzt aber bebauten die Bauern ihre Felder nicht mehr, weil sich die Arbeit nicht mehr lohnte. Jetzt konnte man das fertige Mehl billiger kaufen, als man es hätte herstellen können.

2. Kind: So bekam die Mühle eine neue Aufgabe: Statt Getreide zu mahlen, trieb sie einen riesigen Generator an, einen Stromerzeuger. Dieser versorgte das ganze Dorf mit seinen zweihundert Einwohnern mit Strom. Wenn abends die Sonne unterging und die Lichter eingeschaltet wurden, kam der Strom dazu von der alten Mühle am Bach.

3. Kind: Da nahte eine seltsame Nacht. Wie von einem Zauber berührt, wurden die einzelnen Teile des Rades mit Leben erfüllt und sie begannen zu reden, die Speichen, die Schaufeln, die Nabe und die Hölzer des Reifens. Das war kein schönes Reden, da wurde geschimpft und gemault.

4. Kind: Eine Speiche donnerte los: „Wir drehen uns ganz verkehrt, ab morgen bewege ich mich rückwärts!" Und die andere meinte: „Nein, das ist falsch, seitwärts müssen wir uns neigen." Da begannen auch die Schaufeln zu klagen, die eine wollte mehr nach links, die andere mehr nach rechts schauen. Da waren sogar die Hölzer dabei, die riefen: „Ich will kein Wasserrad sein!", und ein anderes wollte sogar zu einer Windmühle gehören.

5. Kind: Ein paar Stimmen hörte man auch warnen: „Seid doch zufrieden! Bleibt beisammen!" Doch der Streit wurde immer fürchterlicher. Auch der Bach toste ganz grausig. Und mit einem lauten Gepolter barst plötzlich das alte Mühlrad auseinander. – Jedes der Teile ging seiner Wege. Da blieb der Generator stehen, der Strom fiel aus und in den Häusern wurde es finster.

Evangelium

Mt 5,23f (Wenn du deine Opfergabe zum Altar bringst ...):
Bereitschaft zur Versöhnung.

Predigt

Die Versöhnung ist nötig, wenn die Verbindung mit Jesus und untereinander möglich werden soll. *(Pr zeigt das Bild des 8. Kindes aus der Andacht: Die Osterkerze umgeben mit den sieben Sakramenten.)* Zu diesen sieben Sakramenten *(die Kinder benennen die einzelnen Symbole)* möchte ich noch zwei hinzumalen:

1. Zwei ineinander gelegte Hände, die einander verzeihen. Dieses Zeichen ist so wichtig wie ein Sakrament. Darum geben wir uns den Friedensgruß unmittelbar vor dem Kommunionempfang. Jesus kann uns nur untereinander verbinden, wenn wir den Stromkreis der Liebe und des Verzeihens fließen lassen.
2. Füße, die gewaschen werden = die Haltung des Dienens, die Jesus zeigte, als er dieses Mahl, das wir feiern, einsetzte. Nur in dieser Haltung ist das Miteinander und Füreinander möglich, wo jeder den anderen höher stellt als sich selbst.

In dieser Haltung wollen auch wir gleich das Mahl erneut feiern.

Fürbitten (Dankmesse)

Pr.: Gott, du hast ein Herz für uns. Wir nennen dich barmherzig. So bitten wir dich:

1. Kind: Dein Sohn kam in die Welt, um wie ein Bruder an unserer Seite zu stehen. Hilf allen, die aus seiner Mitte leben, die Welt froher und gerechter zu machen. – *Liedruf*

2. Kind: Wir danken dir für das schöne Fest der Erstkommunion. Gib, dass alle Kommunionkinder und ihre Eltern dir über diesen Festtag hinaus treu bleiben. – *Liedruf*

1. Kind: In Christus sind wir auch mit denen verbunden, die in Not und Sorgen leben. Lass die Christen nicht um sich selber kreisen, sondern stützen und helfen. – *Liedruf*

2. Kind: Viele kehren Christus und der Kirche den Rücken zu. – Zeige ihnen Menschen, die ihnen durch ihr Vorbild und Beten einen neuen Zugang möglich machen. – *Liedruf*

Pr.: Dann loben und preisen wir dich durch Christus, unseren Herrn.

Nach der Wandlung

Die Gemeinde sagt nach der Wandlung: „Deinen Tod, o Herr, verkünden wir und deine Auferstehung preisen wir, bis du kommst in Herrlichkeit."
Nach einer kurzen Pause beginnt das 1. Kind.

1. Kind: Jesus, du bist jetzt in der Gestalt des Brotes mitten unter uns. Du bist die Mitte, aus der wir leben können.

2. Kind: Unsere Augen können nichts als Brot sehen. Aber der Priester, unsere Eltern, die Katecheten und die Katechetinnen haben uns weitergesagt, was du selbst gesagt hast: In diesem Brot bist du selbst, Jesus! – Jesus ist *das* Brot für unser Leben.

3. Kind: Wer Jesus findet, braucht innerlich nicht mehr zu hungern. Wer von diesem Brot isst, wird mit Gott und dem Nächsten verbunden.

1. Kind: Jesus, wir danken dir dafür! Geh mit uns heute und alle Tage! Bleibe in unserer Mitte! Mit allen Menschen auf der weiten Erde wollen wir dich loben und preisen!

2. Kind: Lass unsere Liebe zu dir immer stärker werden. Lass uns so leben, wie du es uns gesagt hast. Dann geraten wir nicht ins Schleudern.

3. Kind: Wir wollen von diesem heiligen Brot essen. –
Alle, die von diesem Brot essen, sollen untereinander eins sein und einander lieben!

Das Wunder der Verwandlung: Jetzt im Brot – einst im Tod

Symbol Raupe – Schmetterling

Vorbemerkung

Siehe „Wichtige Hinweise" auf Seite 8.

Vorbereitungen

1. Jedes Kommunionkind bastelt bzw. malt mit seinen Geschwistern, Verwandten oder Eltern eine Raupe und einen Schmetterling, auf denen jeweils der Vorname des Kindes steht. Die Raupen aller Kommunionkinder „kriechen" auf einer Papierbahn *im Mittelgang,* auf die solche Pflanzen und Sträucher gemalt sind, die Raupen „zum Fressen" gern haben, z.B. die Brennnessel.
   Die Schmetterlinge werden auf gemalte Sonnenblumen gesetzt – *vor dem Altar und/oder auf eine Wand.* Nur die fünf Schmetterlinge zum Lesespiel der Messe werden erst im Gottesdienst angeheftet. – Wir hatten vor dem Altar eine Sonnenblume so gemalt, dass ihre Blüte einer Hostie glich mit einem Kreuz in der Mitte.
2. Ein schönes Kreuz mit Raupe, Puppe und Schmetterling als *Kommunionandenken* beim Bonifatius Verlag, Liboristr. 1, D-33098 Paderborn, Bestell-Nr. 142051, Größe 10 cm.

Festgottesdienst

Einzug – Begrüßung – Erneuerung des Taufgelöbnisses

Bußakt

Pr.: Im Mittelgang kriechen unsere Kommunionkinder mühsam als Raupen verkleidet in Richtung Altar. Sie erinnern uns daran, wie langsam wir oft vorwärts kommen im Leben.

1. Kind: Manchmal kriechen wir wie Raupen durch den Staub und träumen von essbaren Herrlichkeiten – und sind blind für *dein* Reich.

Pr.: Herr, erbarme dich!

Alle: Herr, erbarme dich!

2. Kind: Manchmal blicken wir nur vor unsere Stummelfüße – und sehen nichts von deinem Reich.

Pr.: Christus, erbarme dich!

Alle: Christus, erbarme dich!

3. Kind: Manchmal krümmen wir uns vor Schmerz – und glauben nicht an dein Reich.

Pr.: Herr, erbarme dich!

Alle: Herr, erbarme dich!

Pr.: Der allmächtige Gott erbarme sich unser. Er verzeihe uns unsere Schuld, er führe uns in sein Reich.

Tagesgebet

Herr, unser Gott. Heute lädst du uns als Gäste an den Tisch deines Sohnes. Unsere Augen können das Wunder nicht fassen: Jesus schenkt sich uns ganz in der Gestalt des Brotes. Wir danken dir dafür. Hilf uns, dass wir ihm unser Herz aufschließen und ihm wirklich begegnen. Darum bitten wir …

Kurzgeschichte (als „Lesung")

Pr.: Zwei Kommunionkinder erzählen uns die Geschichte von Raupen, die nicht glauben konnten, dass es das Wunder der Verwandlung gibt.

1. Kind: Da war einmal ein guter Mensch. Er hatte Mitleid mit dem hässlichen Gewürm der Raupen. Sie mussten sich ja Stunde für Stunde vorwärts plagen, um mühselig Stängel zu erklettern und ihr Fressen zu suchen. Und dabei hatten sie keine Augen für die Sonne, den Regenbogen und die Lieder der Nachtigall.

2. Kind: Und der Mensch dachte: „Wenn diese Raupen wüssten, was da einmal sein wird! Wenn diese Raupen ahnten, was ihnen als Schmetterling blühen wird! Sie würden ganz anders leben: froher, zuversichtlicher, mit mehr Hoffnung. Sie würden erkennen: Das Leben besteht nicht nur aus Fressen, und der Tod ist nicht das Letzte."

1. Kind: So dachte der gute Mensch, und er versuchte ihnen zu erklären: „Ihr werdet frei sein! Ihr werdet eure Schwerfälligkeit verlieren! Ihr werdet mühelos fliegen und Blüten finden! Und ihr werdet schön sein!"

2. Kind: Aber die Raupen hörten nicht. Das Zukünftige, das Schmetterlingshafte ließ sich in der Raupensprache einfach nicht ausdrücken. – Der Mensch versuchte, Vergleiche zu finden: „Es wird sein wie auf einem Feld voller Kohlköpfe …" Und die Raupen nickten, aber mit ihrem Raupenhorizont dachten sie nur ans endlose Fressen.

1. Kind: Nein, so ging es nicht. Und als der gute Mensch neu anfing: „Euer Puppensarg ist nicht das Letzte, ihr werdet euch verwandeln, über Nacht werden euch Flügel wachsen, ihr werdet leuchten wie Gold …", da sagten sie: „Hau ab! Du spinnst! Du hältst uns nur vom Fressen ab!" Und sie rotteten sich zusammen, um ihn lächerlich zu machen.

(Vgl. „Kurzgeschichten 1", Nr. 56)

Meditationsmusik

Evangelium

Vorwort: Jesus spricht von einem wunderbaren Brot, das uns verwandeln kann.

Einmal sagte Jesus, und er sagt es jetzt zu uns: „Wer meinen Leib isst und mein Blut trinkt, der bleibt in mir und ich bleibe in ihm. Der Vater hat mich zu euch gesandt. Von ihm habe ich mein Leben; er lebt in mir. So wird der, der mich isst und mich in sein Leben aufnimmt, durch mich leben.

Denn dieses Brot kommt vom Himmel. Mit ihm ist es nicht wie mit dem Brot, das die Väter gegessen haben. Sie sind gestorben. Wer aber dieses Brot isst, hat ein Leben, das nicht mit dem Tode endet!

(Nach Joh 6,56–58, z. T. nach Günther Weber aus: Zwanzig Eucharistiefeiern mit Kindern)

Sprechspiel

Pr.: Heute halten uns die Kommunionkinder die Predigt. Wir sind gespannt!

Die Kinder 2–6 bringen ihren Schmetterling mit, der anschließend auf die Sonnenblumen geheftet wird.

1. Kind: Heute stehen wir staunend vor dem Geheimnis: Brot wird verwandelt in den Leib Christi. Eltern, Priester und Katechetinnen haben uns weitergesagt, was Jesus im Abendmahlssaal getan hat: Er nahm das Brot in seine Hände und sagte: „Das ist mein Leib!"

2. Kind: Viele können an dieses Wunder nicht glauben, aber eine Verwandlung geschieht doch oft im Leben! Zum Beispiel wird aus einer Raupe ein Schmetterling!

3. Kind: Eine Raupe, die mühsam vorwärts kriecht, kann als Schmetterling spielend über alle Hindernisse wegfliegen. Eine Raupe, die immer fressen muss, berauscht sich als Schmetterling am Nektar und am Blütenduft.

4. Kind: In unserem Tod geschieht auch das Wunder der Verwandlung: Wie aus einem grauen, abgestorbenen Raupenkörper schlüpft dann ein zauberhaft schöner Schmetterlingsleib. Das feiern wir jedes Jahr zu Ostern, wenn wir an Jesu Auferstehung denken.

5. Kind: Wer einen Schmetterling anrühren oder festhalten will, zerstört ihn. Wir können seine Schönheit nur betrachten und staunen. – So dürfen wir auch das verwandelte Brot auf dem Altar nicht unter ein Mikroskop legen, um dem Geheimnis auf die Spur zu kommen. Wir können nur schauen und glauben.

6. Kind: Staunend stehen wir vor dem Geheimnis: Aus Weizenbrot wird der Leib Christi. Manche können es nicht glauben. Aber wer schauen kann, entdeckt oft Verwandlungen im Leben.

7. Kind: Heute stärkt uns Jesus mit dem Brot des Lebens für unseren Weg. Im Himmel dürfen wir einmal am ewigen Gastmahl teilnehmen. Das heutige Fest ist nur ein kleiner Vorgeschmack auf die ewige Feier mit Gott.

Kurze Predigt

Das Schmetterlingshafte unseres Lebens werden wir erst im Tod erleben, aber heute schwebt ihr, liebe Kommunionkinder, auch ein bisschen wie Schmetterlinge: eure Festtagskleidung, die Geschenke, die vielen Gäste und vor allem Jesus, der euch an die Hand nehmen will auf eurer Wanderschaft durchs Leben.

Liebe Eltern! Wenn diese „Kommunionkinder-Schmetterlinge" nicht morgen schon „abstürzen" sollen, dann brauchen sie Ihre Begleitung! Denn es ist noch eine große „Flugstrecke" bis zum ewigen Fest. Da kann mancher Regenguss

(= negative Erfahrungen) die Schmetterlinge vom Himmel holen. Sie haben es ja selbst schon erfahren. Es ist Ihre wichtigste und schöne Aufgabe als Christ, Ihren Kindern vorzuleben, dass Sie daran zu glauben versuchen: Das Wunder der Verwandlung – jetzt im Brot und einst im Tod!

Instrumentalmusik

Fürbitten (Festmesse)

Pr.:	Gott, du hast ein Herz für uns. Wir nennen dich barmherzig. Wir rufen zu dir:
Mutter:	Du hast uns die Kinder anvertraut als das kostbarste Geschenk auf Erden. Lass uns zu Hause für eine Atmosphäre sorgen, in der der Glaube an dich und deinen Sohn wachsen kann. – *Liedruf*
Kommunionkind:	Uns hat die Vorbereitung auf die erste heilige Kommunion in der Gruppe gefallen. Auch unsere Gruppe hat sich verwandelt: Wir sind eine kleine frohe Gemeinschaft von Kindern geworden. Hilf uns, dass wir auch in Zukunft hier *gemeinsam* Gott loben und danken. – *Liedruf*
Vater:	In manchem Elternteil ist der Glaube an die Verwandlung im Brot und im Tod verkümmert – aus Enttäuschung, Bequemlichkeit oder Gleichgültigkeit. Gib, dass wir uns neu mit dem Angebot der Kirche auseinander setzen. Und schenke uns dabei wache Augen, die noch nicht von den Verlockungen unserer Welt zugewachsen sind. – *Liedruf*
Pr.:	Darum bitten wir durch den, der mit uns den Weg zum Ziel, zum Vater gehen will: durch Christus, unseren Herrn.

Gabengebet
Herr, unser Gott. Wie aus vielen Körnern das Brot entsteht und aus vielen Trauben der Wein, so verwandle uns alle hier in eine gute Gemeinschaft. Und wenn du uns die Gaben dieser Erde verwandelt zurückschenkst, dann lass sie uns eine Hilfe sein auf dem Weg zu dir und zueinander. Darum bitten wir …

Friedensgruß
Ein Schmetterling, der von Blüte zu Blüte fliegt, ist wie ein Gruß aus einer anderen Welt. Geben Sie einander ein Zeichen, das uns froher und freier macht.

Nach der Kommunion
(vorsprechen und jede Zeile von den Kommunionkindern laut wiederholen lassen)

Jesus, ich danke dir.
Dein Brot ist nicht tot.
Es verbindet uns mit dir
und untereinander.
Es verwandelt Hass und Rache.
Dein Brot bannt den Tod.
Es macht unser Herz weit.
Es schenkt Liebe.
Dein Reich kann kommen.
So komm doch, Herr!
Amen.

Oder: Siehe Meditation unter dem Symbol „Brot“, Seite 17.

Schlussgebet
Herr, unser Gott. Schon in der Taufe sind wir neue Menschen geworden. Im heiligen Mahl hast du weitergeführt, was du in uns begonnen hast: Im Brot deines Sohnes haben wir ewiges Leben empfangen, das unser ganzes Denken und Handeln verwandeln kann. Darum bitten wir …

Bausteine für die Andacht

Sprechspiel mit Zeichnungen
Jedes Kind zeigt sein gemaltes Bild nach allen Seiten, spricht seinen Text, den es von der Rückseite des hochgehobenen Bildes abliest, und reiht sich dann gut sichtbar mit seinem Bild in einen Halbkreis ein.

1. Kind: *(zeigt sein Bild mit Raupe, Puppe und Schmetterling)*
Heute Morgen haben wir vom Wunder der Verwandlung gehört: Aus einer Raupe schlüpft ein Schmetterling. – Wir staunen und ahnen, was mit uns alles geschehen kann.

2. Kind: *(zeigt sein Bild mit verschiedenen Obstbäumen und ihren leuchtenden Früchten)*
Diese vielen Obstbäume wachsen auf dem gleichen Boden, bekommen den gleichen Regen und Wind und werden von derselben Sonne beschienen. Und doch

entwickeln sie ganz verschiedene Früchte je nach ihrer Art. – Wir staunen und ahnen, was mit uns geschehen kann.

3. Kind: *(zeigt sein Bild mit einem menschlichen Körper, um den verschiedene Nahrungsmittel angeordnet sind, am besten als Collage)*
Wir Menschen essen die verschiedensten Nahrungsmittel. Und alle verwandelt unser Körper in Fleisch und Blut. Wieder das Wunder der Verwandlung! – Wir staunen und ahnen, was mit uns noch alles geschehen kann.

4. Kind: *(zeigt sein Bild mit einem großen Weizenkorn, das keimt und sprosst)*
Jesus hat einmal gesagt: „Wenn das Weizenkorn nicht in die Erde fällt und stirbt, bleibt es allein; wenn es aber stirbt, bringt es reiche Frucht." (Joh 12,24) Eigentlich ist es kein Sterben: Das Weizenkorn verwandelt sich in sprossendes, neues Leben. – Wir staunen und ahnen, was mit uns geschehen kann.

5. Kind: *(zeigt sein Bild mit Körnern, die unter Mühlsteinen zu Mehl gemahlen werden)*
Die Körner werden dann in der Mühle zerquetscht und zu Mehl gemahlen. Eigentlich ist es kein Sterben, sondern eine neue Verwandlung. – Wir staunen und ahnen, was mit uns geschehen kann.

6. Kind: *(zeigt sein Bild vom Brotteig, der in die Hitze des Ofens geschoben wird)*
In der Hitze des Ofens muss auch das Mehl noch einmal sterben, damit ein Brot entstehen kann. Wieder geschieht eine Verwandlung. – Wir staunen und ahnen, was mit uns geschehen kann.

7. Kind: *(zeigt sein Bild vom Brot auf dem Altar – daneben ein goldener Teller mit einer weißen Hostie)*
Auf dem Altar wird das Brot unter den Worten des Priesters noch einmal verwandelt in den Leib Jesu Christi. – Wer richtig schaut, kann überall im Leben Verwandlungen beobachten. – Wir staunen und ahnen, was mit uns geschehen kann.

8. Kind: *(zeigt sein Bild mit einem großen herrlichen Schmetterling)*
Wir feiern das Wunder der Verwandlung heute im Brot – und einst bei uns selbst im Tod. Wir glauben, dass Christus uns im Tod von unserem „Raupenleib" befreit und uns in die Herrlichkeit des Himmels aufnehmen wird – wie zauberhaft schöne Schmetterlinge.

Andachtsteil
GL 779,2 oder 3 oder 4 oder 5: Vom Wunder der Verwandlung.

Bausteine für die Dankmesse

Tagesgebet

Guter Vater! Wir danken dir für die schönen Tage der Erstkommunion. Wie oft haben wir gestern den Eltern, Paten und Gästen danke gesagt, als sie uns beschenkten! Heute möchten wir uns besonders bei deinem Sohn bedanken, denn ohne ihn hätten wir das Fest gestern und heute nicht feiern können. Darum danken wir dir, Jesus, der du lebst und liebst bis in alle Ewigkeit.

Evangelium

Vorwort: Damals wie heute haben Menschen das Wunder der Verwandlung im Brot nicht verstehen können.

In jener Zeit sagte Jesus: „Ich bin das Brot des Lebens. Eure Väter haben in der Wüste das Manna gegessen und sind gestorben. Wer aber von dem Brot isst, das vom Himmel herabgekommen ist, wird ewig leben. Das Brot des Himmels, das ich geben werde, ist mein Fleisch. Ich gebe es hin für das Leben der Welt."
Da stritten sich die Juden und sagten: „Wie kann er uns sein Fleisch zu essen geben?" Jesus sagte zu ihnen: „Wer mein Fleisch isst und mein Blut trinkt, hat das ewige Leben, und ich werde ihn auferwecken am Letzten Tag." Da sagten auch viele seiner Jünger, die ihm zuhörten: „Was er sagt, ist unerträglich!" Und viele Jünger zogen sich zurück und wanderten nicht mehr mit ihm umher. Da fragte Jesus die Zwölf: „Wollt auch ihr weggehen?"

(Joh 6,48f.51f.54.60.66f)

Kurzgeschichte als Predigt

- Nicht nur die Jünger, auch Menschen unserer Zeit können nicht an das Wunder der Verwandlung glauben. Auch die Kinder werden sehr schnell – wenn nicht schon längst – merken, dass ihnen Spott und Ironie zum Geheimnis der Eucharistie entgegenschlagen. *Eine* der folgenden Geschichten soll Ihnen aufzeigen, dass Sie Unverständnis nicht verwirren darf – es ist das Übliche.
- Diese Geschichten lassen sich auch in verteilten Rollen sprechen.

1. *Die Libellenlarve und der Blutegel.* Siehe „Kurzgeschichten 1", Nr. 55.
2. *Was ich nicht sehe, das gibt es nicht.* Siehe „Kurzgeschichten 2", Nr. 67 (aus Michael Ende, das Schnurpsenbuch, 1969 by K. Thienemanns Verlag, Stuttgart).
3. *Fabel vom Maikäfer und Engerling.* Siehe „Kurzgeschichten 3", Nr. 54 (Roman Mensing, aus rhs 25 (1982) 47. Rechte beim Autor).
4. *Der Maulwurf.* Siehe „Kurzgeschichten 2", Nr. 92.

5. *Die Geschichte von der Raupe und vom Schmetterling.* Siehe Mechtild Theiss in: 100 einfache Texte zum Kirchenjahr von Rolf Krenzer und Volker Fritz (Hg.), Verlag Ernst Kaufmann, Kösel-Verlag 1983, S. 184f. Siehe auch „Kindermessbörse" Nr. 88–2, S. 14.

Fürbitten (Dankmesse)

Pr.: Mächtiger Gott. Du hast uns nicht allein gelassen.

1. Kind: Dein Sohn Jesus will, dass wir durch die heilige Eucharistie sein Gedächtnis feiern und seine Nähe spüren. Lass alle, die sich auf ihn einlassen, die Welt froher und gerechter machen. – *Liedruf*

2. Kind: Wir danken dir für das schöne Fest der Erstkommunion. Gib, dass alle Kommunionkinder und deren Eltern als Ausdruck des Dankes dir über diese Tage hinaus treu bleiben. – *Liedruf*

3. Kind: Wir stehen staunend vor dem Wunder der Verwandlung: heute im Brot – morgen im Tod. Lass den Glauben an diese Geheimnisse in allen Christen wachsen. – *Liedruf*

4. Kind: Wir leben in einer Welt, die an Geheimnissen vorbeirennt. Hilf uns, weiterhin daran zu glauben, dass Jesus in der Gestalt des Brotes mitten unter uns ist, auch wenn andere uns auslachen. – *Liedruf*

Pr.: Ja, Herr, zu uns komme dein Reich! Darum bitten wir durch Christus, unseren Herrn.

Meditation nach der Kommunion

(Vorbeter spricht vor, und alle Kommunionkinder wiederholen jede Zeile laut)

Jesus, ich danke dir.
Jesus im Brot: Ich brauche dich.
Du hörst meinen Hilferuf.
Deine Hand stützt mich Schwachen.
Du heilst meine Wunden.
Du begleitest mich als Freund.
Du bist die Brücke zum anderen Ufer,
die Tür zum eigentlichen Leben.
Du kannst mich verwandeln.
Jesus, ich danke dir!
Amen.

Im Zeichen des Bundes und der Versöhnung

Symbol Regenbogen

Vorbemerkungen

1. Siehe „Wichtige Hinweise“ auf Seite 8.
2. Das Regenbogen-Symbol meint einerseits den Bund Gottes mit den Menschen, der mit Noach geschlossen und in Christus erneuert wurde (mehr Festmesse), andererseits die Brücke der Versöhnung zwischen Gott und den Menschen, aber auch untereinander (mehr Andacht: Zeichnungen und Dankmesse). In dieser mehrfachen Bedeutung taucht es in den Texten auf.
3. In den letzten Jahren erschien das Symbol „Regenbogen“ des Öfteren in der Gottesdienstliteratur. Am intensivsten bei Heriburg Laarmann, Wir feiern Erstkommunion, Verlag Herder, Freiburg 1988, als Erstkommunionmesse auf den Seiten 20–27 und als Andacht, S. 61–64. Von hier flossen auch Formulierungen in meinen Entwurf ein. Ein Vorschlag von mir steht in „99 Kinderpredigten. Mit Gegenständen aus dem Alltag“, [4]1996, Nr. 77 (zur Ferienzeit).

Vorbereitungen

1. *Im Mittelgang* liegen auf einer Papierbahn, die durchweg „blauen Himmel“ zeigt, so viele Regenbögen, wie es Gruppen in der Vorbereitung gibt. Im jeweiligen Regenbogen stehen die Namen der Kommunionkinder, aber auch der Name dessen, der die Gruppe vorbereitet hat. Die Eltern legen noch Wolken,

Vögel (z. B. Schwalben), Marienkäfer ... dazwischen, also alles, was sich in den Lüften bewegt. Im Altarraum ist noch eine große Sonne angebracht, daneben Wolken, an denen Regentropfen hängen ...

Vor dem Altar steht eine kleine Vorrichtung, in die (siehe „Sprechspiel" Festgottesdienst) die einzelnen Regenbogenfarben aus leichtem Sperrholz oder Karton aufgehängt (mit kleinen Nägeln) werden können. Die Reihenfolge der sieben Regenbogenfarben von außen nach innen: Rot, Orange, Gelb, Grün, Blau, Indigo, Lila.

Auf einer großen Tafel (ca. 2 x 2 m oder größer) ist in eine schöne Berglandschaft (oder über einem reifen Kornfeld) ein großer Regenbogen gemalt, in dessen Farben die postkartengroßen Bilder der Kommunionkinder aufgeklebt sind.

2. Ein Kreuz mit einem Regenbogen als Kommunionandenken ist erhältlich beim Bonifatius-Verlag, Liboristr. 1, D-33098 Paderborn, Tel. 0 52 51 / 153-142, Fax / 153 -362, Bestell-Nr. 142055, 10 cm. Außerdem als Plakette mit Kreuz und Regenbogen und Friedenzweig beim Kunstverlag D-56653 Maria Laach, Tel. 0 26 52/5 93 81, Fax / 5 93 86, Bestell-Nr. 328/8.

Festgottesdienst

Einzug – Begrüßung – Erneuerung des Taufgelöbnisses

Bußakt

Pr.: Unsere Erstkommunion steht im Zeichen des Regenbogens. Wenn die Sonne durch den Regen scheint, erleben wir dieses faszinierende Wunder der Natur.

1. Kind: Der Regenbogen ist in der Bibel ein leuchtendes Zeichen dafür, dass Gott und Menschen miteinander verbunden sind. Wir aber fühlen uns oft verlassen und allein. Darum rufen wir:

Pr.: Herr, erbarme dich!

Alle: Herr, erbarme dich!

2. Kind: Schon bei unserer Taufe verband sich das Wasser mit der Sonne Jesus Christus, dem Licht der Welt. Wir aber kehren Gott und den Menschen manchmal den Rücken zu. Darum rufen wir:

Pr.: Christus, erbarme dich!

Alle: Christus, erbarme dich!

3. Kind: Der Regenbogen gehört zur herrlichen Schöpfung Gottes. Er hat sie uns anvertraut. Wir aber treten die Wunder Gottes oft mit Füßen. Darum rufen wir:

Pr.: Herr, erbarme dich!

Alle: Herr, erbarme dich!

Pr.: Der allmächtige Gott erbarme sich unser. Er öffne uns die Augen für seine Zeichen in der Welt. Er schenke uns auch einmal das ewige Leben.

Tagesgebet

Guter Gott. Wir haben uns hier versammelt, um Jesu Wort zu hören und sein Brot zu empfangen. Beides sind leuchtende Zeichen am Horizont unserer Zeit. Wir bitten dich: Lass uns erfahren, wie schön es ist, mit dir verbunden zu leben – heute und alle Tage unseres Lebens. Darum bitten wir …

Lesung

Vorwort: Wir hören die Stelle in der Bibel, an der vom Regenbogen gesprochen wird.

Als alle Menschen und Tiere aus der Arche ausgestiegen und Noach Gott ein Opfer dargebracht hatte, sprach Gott zu Noach: „Ich stelle meinen Bogen in die Wolken, er soll das Zeichen des Bundes sein zwischen mir und der Erde. Ballen sich Wolken über der Erde zusammen und erscheint der Regenbogen in den Wolken, dann gedenke ich meines Bundes. Er besteht zwischen mir und euch und allem, was auf der Erde lebt" (nach Gen 9,13–16).

Evangelium

Vorwort: Jesus erneuert den Bund zwischen Gott und den Menschen in seinem Neuen Bund, den er im Abendmahlssaal schloss. Wir hören den Bericht.
Mk 14,22–25 (Das Blut des Bundes)
oder: Lk 22,19–20 (Der Neue Bund)
oder: 1 Kor 11,23–26 (Der Neue Bund)

Sprechspiel zur Predigt

Pr.: Die Kommunionkinder halten uns die Predigt. Sie deuten uns den Regenbogen auf das heutige Fest.

(Die ersten sieben Kinder bringen jeweils ihre Regenbogenfarbe, sprechen ihren Text und hängen den Bogen an die vorgesehene Stelle. Da die Reihenfolge der Farben nicht eingehalten wird, sollte auf dem Gestell bzw. der Halterung die Farbe mit Bleistift markiert sein.)

1. Kind: Ich bringe die *gelbe* Farbe des Regenbogens.
Sie erinnert uns an die Sonne. Wenn das Licht der Sonne sich in den Wassertropfen bricht, leuchtet der Regenbogen auf. Ein Bild dafür, dass Gottes Licht sich in uns brechen will, damit wir aufleuchten in dieser oft farblosen Welt. *(Farbe anheften)*

2. Kind: Ich bringe die *violette* Farbe des Regenbogens.
Wir lernten sie bei der Beichte in der violetten Stola des Priesters kennen. Wer sich der Sonne Gottes zuwenden möchte, der muss zuerst umkehren und dem Bösen absagen – wie bei der Taufe. *(Farbe anheften)*

3. Kind: Die *rote* Farbe des Regenbogens kann uns an Feuer erinnern.
Das Brot, das wir heute als Leib Christi empfangen, musste auch durch die Hitze des Ofens. – Immer wieder hat sich etwas verwandelt: Das Weizenkorn wurde zur Ähre. Die Körner in der Ähre wurden zu Mehl gemahlen. Das Mehl wurde zum Brot. Und das Brot auf dem Altar wird in den Leib Christi verwandelt. *(Farbe anheften)*

4. Kind: Ich bringe die Farbe *Orange.*
Sie ist die Farbe der Vorfreude: Seit Wochen haben wir ... Kommunionkinder uns auf dieses Fest gefreut. Wir danken Gott und unseren Eltern, dass wir es so schön feiern können. *(Farbe anheften)*

5. Kind: Die *blaue* Farbe steht für die Treue.
Wir möchten unserem Freund Jesus die Treue halten – über diesen Tag hinaus. Wir bitten unsere Eltern, Geschwister und Paten, uns dabei zu helfen. *(Farbe anheften)*

6. Kind: Ich bringe ein noch dunkleres Blau, die Farbe *Indigo.*
Dieses Blau erinnert an den Glauben. Das Vertrauen auf Jesus ist die tragfähigste Brücke. Sie kann uns auch einmal über den letzten Abgrund führen, den Tod. *(Farbe anheften)*

7. Kind: Ich bringe die letzte Farbe des Regenbogens: *Grün* ist die Farbe der Hoffnung.
Wir hoffen, dass die Welt nicht in einer neuen Sintflut versinken muss. Wir vertrauen darauf, dass wir in Jesus mit Gott verbunden sind. Er hält uns und schützt uns. *(Farbe anheften)*

8. Kind: Sieben Farben hat der Regenbogen. Wenn er als leuchtender Bogen in den Wolken steht, erinnert er uns an den Bund zwischen

Gott und den Menschen. Er ist das Zeichen der Versöhnung zwischen Himmel und Erde. Er wurde in Jesus erneuert. Dieser Bund besteht in alle Ewigkeit.

9. Kind: Wer zur hl. Kommunion gehen will, muss bereit sein, sich zu versöhnen. Nur dann kann Jesus uns mit Gott und den Menschen verbinden. Darum steht der Regenbogen als leuchtendes Zeichen vor Brot und Wein: Wir sind eingeladen zum Mahl und zur Versöhnung.

Kurzpredigt

Drei Gedanken darf ich noch hinzufügen:

1. Wer meint, wir hätten uns mit dem Regenbogen ein modernes Symbol einfallen lassen, den muss ich enttäuschen: Schon auf ganz alten Darstellungen wird Jesus, der wiederkommende Richter, auf dem Regenbogen sitzend gezeigt (so auch in unserer Kirche St. Pankratius in Bergheim-Paffendorf auf Fresken, die 500 Jahre alt sind); oft thront er dabei mit den Füßen auf der Erdkugel, als wäre sie sein Schemel. Mit dieser Darstellung wird eingefangen, was der Wortgottesdienst nahe bringen wollte: Der Bund Gottes mit den Menschen, der im Zeichen des Regenbogens nach der Sintflut geschlossen wurde, wird in Christus, dem Herrn der Welt, erneuert: Immer wenn wir zu diesem Mahl zusammenkommen, feiern wir den Neuen Bund in seinem Blute. Wir brauchen vor einer neuen Flut von Sünde und Schuld keine Angst zu haben, wenn wir uns an Jesus halten.
2. Wenn ich Sie jetzt auffordern würde: Zeigen diejenigen einmal alle auf, die von keinem Kleinkrieg in ihrer Verwandtschaft oder Nachbarschaft wissen! Ich befürchte, viele könnten nicht aufzeigen! Aber solange nicht über jedem Haus ein kleiner Regenbogen steht, der Versöhnung signalisiert, dürfen wir nicht entsetzt auf die Krisengebiete der Erde schauen und uns wundern, was alles möglich ist. Zuerst muss Friede in den Familien entstehen, bevor der große Frieden in der Menschheitsfamilie sichtbar wird. Darum lassen Sie das heutige Kommunionfest auch zum Fest der Versöhnung werden; die Kleinkriege kosten ohnehin mehr Nerven.
3. Wirkliche Versöhnung gelingt nicht von heute auf morgen. Manchmal dauert es Monate, ja Jahre, bis wir die eigene Haustür aufmachen können, um der anderen Partei zu signalisieren: Du kannst einen neuen Versuch wagen! Wer meint, menschlich wäre es unmöglich, Versöhnung anzubieten, den lade ich herzlich immer wieder zum Empfang des eucharistischen Brotes ein: Es kann uns mit seiner himmlischen Kraft über alle Abgründe helfen, weil es uns mit Gott verbündet.

Meditationsmusik

Fürbitten (Festmesse)

Pr.:	Herr, unser Gott. Jesus ist die Brücke zwischen dir und uns Menschen. Wir rufen zu dir:
Mutter:	Wir danken dir für das kostbarste Geschenk, das du uns in den Kindern anvertraut hast. Hilf uns, zu Hause für eine christliche Atmosphäre zu sorgen, in der es ihnen leichter fällt, in deinem Regenbogen-Licht zu bleiben. – *Liedruf*
1. Kind:	Wir haben in der Vorbereitungszeit auf die Erstkommunion schöne Stunden erlebt. Danke! Lass uns Kinder wie ein leuchtender Regenbogen in dieser Welt und in deiner Kirche sein! – *Liedruf*
Vater:	Wir Eltern haben alles darangesetzt, dieses Fest zu einem Erlebnis zu machen, an das wir uns immer gerne erinnern. Lass unsere Verwandten und Freunde, die vielleicht untereinander zerstritten leben, im Zeichen dieses Festes und dieses Symbols Bereitschaft zur Versöhnung zeigen. – *Liedruf*
2. Kind:	Die Farben des Regenbogens können schnell verblassen. Hilf uns, dass nach dem großen Fest die Begeisterung für deinen Sohn nicht gleich verflogen ist, damit wir auch in Zukunft hier gemeinsam Gott loben und preisen. – *Liedruf*
Tischmutter/ -vater:	Wir haben als Tischmütter und -väter diese Jungen und Mädchen ein halbes Jahr begleitet und versucht, ihnen Jesus als die Mitte des Lebens vor Augen zu stellen. Wir bitten dich, auch im Namen derer, die vor 25, 50 … Jahren zur ersten heiligen Kommunion gingen: Hilf uns und allen Christen, die Traurigen und Einsamen, die Zweifelnden und Hungernden froher zu machen. – *Liedruf*
Pr.:	Dann erfahren wir, dass wir unsere eigentliche Kraft aus der Verbindung mit dir und deinem Sohn schöpfen. Darum bitten wir durch …

Gabengebet

Mächtiger Gott. Die Gaben von Brot und Wein auf dem Altar sind Zeichen des Bundes mit dir – wie der Regenbogen. Nimm uns in diesen Gaben an und verwandle uns zu leuchtenden Zeichen der Treue und des Friedens – durch Christus, unseren Herrn.

Präfation

Ja, wir danken dir für die immer noch schöne Welt, in der wir leben dürfen. Wir danken dir besonders für Jesus Christus, der den Bund mit dir erneuert und uns gesagt hat, dass du uns liebst und immer ein Herz für uns haben wirst. Darum rufen wir mit allen Engeln und Heiligen, aber auch mit allem, was auf der Erde lebt: Heilig …

Einleitung zum Vaterunser

Jesus sagt: Vergebt einander eure Schuld, dann kann der Stromkreis der Liebe Gottes fließen. Darum sprechen wir:

Zum Friedensgruß

Der Regenbogen ist ein Zeichen der Versöhnung, das alle aufatmen lässt. Wir schenken einander jetzt dieses Zeichen und lassen unsere Hände zu Brücken werden.

Meditation nach der Kommunion

1. Kind: Ein bunter Regenbogen,
er steht weit übers Land gezogen.
Und alle bleiben stehn,
um ihn sich anzusehen.

2. Kind: Mit ihm steigt ein Lächeln auf,
denn alle Gewalt gibt auf.
Wir staunen über das Zeichen
und die Angst in uns kann weichen.

1. Kind: Er öffnet die Grenzen
und deutet auf ein neues Land,
das der nur findet,
der hat eine vergebende Hand.

2. Kind: Sonnenspur scheint.
Wir schöpfen Mut.
Niemand mehr weint.
Alles wird gut.

Schlussgebet mit Kindern

(vorsprechen und wiederholen lassen)

Herr Jesus Christus.
Wir danken dir für das Brot des Himmels.
Diese Speise verbindet uns mit Gott.
Und auch untereinander.
Dein Brot bannt Hass und Tod.
Es schenkt Liebe und Frieden.
So kann dein Reich kommen
zu uns und allen Menschen.
Und darum bitten wir
durch Christus, unseren Herrn.
Amen.

Bausteine für die Andacht

Sprechspiel mit Zeichnungen

Jedes Kind zeigt sein gemaltes Bild nach allen Seiten, spricht seinen Text, den es von der Rückseite abliest, und reiht sich dann gut sichtbar mit seinem Bild in einen Halbkreis ein. – Viele der Bilder sind als Collagen möglich.

1. Kind: *(zeigt sein Bild: Berglandschaft mit Kreuzen auf den Berggipfeln, vorne am Rand ein Wegkreuz. Ein Regenbogen steht über dem Tal.)*

Jesus wird zum leuchtenden Zeichen in der Welt: Auf vielen Bergen und an Wegkreuzungen steht sein Zeichen. Jesus hat Himmel und Erde miteinander verbunden. –

2. Kind: *(Bild: Tiere und Menschen kommen aus der Arche. Noach bringt auf zusammengelegten Steinen Gott ein Opfer dar. Über allem steht der Regenbogen.)*

Gott hat nach der Sintflut mit Noach einen ewigen Bund geschlossen und gesagt: „Der Regenbogen soll das Zeichen dafür sein, dass die Menschen und alles, was auf der Erde lebt, mit mir verbunden sind. Nie mehr soll eine Flut kommen und die Erde vernichten!“ (Gen 9,15.11). So bewahre uns, o Herr, und unsere ganze Welt vor allem, was uns vernichten kann.

3. Kind: *(Bild: Der verklärte Jesus Christus mit den Wundmalen sitzt auf einem großen Regenbogen: In der linken Hand hält er das Buch des Lebens, mit der rechten segnet er die ganze Welt.)*

In Jesus hat Gott den Bund mit Noach erneuert. Im Abendmahl und im Opfer des Neuen Bundes sind Gott und Menschen miteinander verbunden. Als erlöste Menschen können wir nicht mehr untergehen in der Flut der Sünde und des Todes.

4. Kind: *(Bild: Eine Kirche mit spitzem Turm und eine kleine Einsiedlerzelle in weiter Landschaft. Vom Kirchturm bis zur Zelle spannt sich ein Regenbogen.)*

Zwei Mönche durchwanderten die ganze Welt, um die Stelle zu finden, wo Himmel und Erde einander berühren. Schließlich kamen sie an eine Tür. Sie öffneten sie und – standen in ihrer Klosterzelle. Da wussten sie: Überall, wo der Mensch lebt, kann der Himmel die Erde berühren.

5. Kind: *(Bild: Die Hostie über dem Kelch ist von einem Regenbogen überwölbt.)*

Aus eigener Kraft können wir Menschen nicht zum Regenbogen in dieser Welt werden. Je öfter wir von diesem heiligen Brot essen und uns dabei für Jesus öffnen, umso mehr kann sein Licht sich in uns widerspiegeln. Er kann allen leuchten, denen wir begegnen.

6. Kind: *(Bild: Eine Insel, auf der Hungernde die Hände bittend ausstrecken. Auf einer anderen Insel gegenüber: die Symbole unserer wohlhabenden Welt. Von der einen zur anderen Insel geht ein großer Bogen nur aus roter Farbe. Dahinein sind Güter geklebt, mit denen wir die Not der anderen lindern könnten.)*

Es gibt so viel Ungerechtigkeit in unserer Welt: Die einen leben im Hunger und wir anderen im Überfluss – und wie! Über eine Brücke der Liebe können wir jetzt schon für mehr Frieden und Gerechtigkeit sorgen. – Herr, hilf uns, mehr zu teilen!

7. Kind: *(Bild: Spielende Kinder oder eine frohe Gemeinschaft. Ein Kind steht abseits und weint. Oder einer sitzt hinter Gittern etc. Darüber steht ein großer Bogen nur aus grüner Farbe.)*

So viele Menschen fühlen sich ausgestoßen: Sie werden abgelehnt oder sind arbeitslos, gefangen oder vergessen. – Herr, lass uns zu ihnen Brücken neuer Hoffnung schlagen!

8. Kind: *(Bild: Ein kranker Mensch oder eine Gruppe alter Menschen. Darüber steht ein großer Bogen nur aus violetter Farbe.)*

So viele Menschen fühlen sich abgeschoben: Sie sind alt oder krank, behindert oder einsam. Sie leben ständig in einer Zeit des Leidens. Herr, hilf uns, für sie

Zeit zu haben und sie zu besuchen, damit wir ihnen etwas Freude ins Gesicht zaubern können; und auch selbst die Freude bemerken, die dann darin aufleuchtet.

9. Kind: *(Bild: Zwei Kinder schlagen sich und zwei andere reichen einander die Hand. Darüber steht ein großer Bogen nur aus gelber Farbe.)*

Es gibt so viel Streit in der Welt. Wenn wir einander verzeihen, geht die Sonne des Friedens über uns auf. Herr, lass uns eintreten für die Versöhnung untereinander. Lass einmal alle Völker ohne Krieg und Angst leben dürfen.

10. Kind: *(Bild: Eine Familie rund um einen gedeckten Tisch, einander an Händen haltend. Ein Kreuz hängt gut sichtbar an der Wand. Darüber ein großer Bogen aus blauer Farbe.)*

Auch in der Familie – einer Kirche im Kleinen – können wir uns im Gespräch und im Gebet mit Gott verbinden. – Herr, lass die christlichen Familien im Vertrauen auf Gott leben und Jesus die Treue halten.

11. Kind: *(Ein großer Regenbogen über das ganze Bild.)*

Die leuchtenden Farben des Regenbogens weisen auf die Größe Gottes und die Schönheit seiner Schöpfung. Schön ist alles, was wir mit Liebe betrachten und was wir aus Liebe zu Gott und den Menschen versuchen. Vater im Himmel, du Gott der Liebe, lenke und segne uns in deinem Sohne Jesus Christus.

Andachtsteil

GL 779,6: Die Eucharistie – Zeichen der kommenden Welt.
(Hier ist zwar nicht direkt von einem Regenbogen die Rede, aber Text und Aussagen kommen ihm nahe. Vgl. Offb 4,3: Der Regenbogen gehört als Symbol der Herrlichkeit zum Thron des Weltenherrschers.)

Bausteine für die Dankmesse

Hier sollte das Symbol des Regenbogens mehr auf Versöhnung ausgerichtet sein. Es eignen sich vor allem Geschichten und Beispiele, in denen Liebe (= Sonne) auf Unfrieden (= Regen) trifft. Z.B. „Kurzgeschichten 1“, Nr. 115: Das 11-jährige Kind kann eigentlich „Regenbogen-Mädchen“ genannt werden.
oder: „Kurzgeschichten 2“, Nr. 135: „Die Brücke“. Hier kann das Vorgelesene gut mit pantomimischem Spiel begleitet werden.
oder: „Kurzgeschichten 1“, Nr. 124: Zwischen den beiden Brüdern, bei denen ei-

ner den anderen höher stellte als sich selbst, können wir uns einen Regenbogen vorstellen.

oder: Die Geschichte von den zwei Eisblöcken – auf das Thema umgeschrieben:

1. Kind: Es waren einmal zwei Eisblöcke. Das Verhältnis zwischen ihnen war sehr kühl. Jeder machte dem anderen Vorwürfe. Der eine dachte: Warum kommt der andere nicht näher zu mir? Und der andere dachte: Wenn der sich in Bewegung setzt und auftaut, *dann* taue ich auch auf. – Aber weil keiner den Anfang machen wollte, taute keiner von beiden auf. Und so vereisten sie immer mehr und brachten auch alles zum Erstarren, was in ihre Nähe kam.

2. Kind: Eines Tages entdeckte der eine Eisblock mittags, als die Sonne strahlte, dass er schmelzen konnte, wenn er nur wollte. Und während er zuließ, sich ein bisschen in Wasser aufzulösen, merkte er, dass er doch noch er selbst war und nichts von seinem eigenen Ich verlor. Auch der andere Eisblock machte diese wunderbare Entdeckung.

3. Kind: Und siehe: Über die ganz alltäglichen Wassergräben flossen sie aufeinander zu und begegneten sich. Sie spürten zwar ihre Kälte noch, aber sie sahen auch ihre innere Not und ihren guten Willen. Sie fanden, dass sie einander nötig hatten und zusammenbleiben mussten. Sie merkten, dass das Miteinander viel schöner ist.

4. Kind: Als das Licht der Sonne sich immer mehr in den Wassertropfen brechen konnte, stand ein leuchtender Regenbogen wie eine Brücke zwischen ihnen. Und sie verwandelten die eintönige Farbe um sich herum in bunte Freude.

(Nach „Kurzgeschichten 1", Nr. 165)

Lesung

Kol 3,12–15 (Vergebt einander).

Evangelium

Mt 18,21–22 (77-mal verzeihen).

Kurzpredigt

Der Friedensgruß unmittelbar vor der Kommunion ist das Zeichen der Versöhnung, das Brücken schlägt. Erst, wenn wir von uns aus bereit sind, aufeinander zuzugehen („aufeinander zuzufließen", s. Kurzgeschichte), kann Jesus uns auch untereinander und mit Gott verbinden. Wir werden in der Kommunion dann mit so viel Liebe beschenkt, dass wir sie von uns aus wieder an andere weitergeben können. Hier berühren wir ein Geheimnis des Lebens: Unsere Welt kann nur geheilt werden, wenn dieses Nehmen und Geben, dieses Geben und Nehmen wieder gelingt. Ein Regenbogen der Liebe und des Friedens zwischen Menschen und zwischen Mensch und Gott, Gott und Mensch.

Fürbitten

Pr.: Ewiger Gott. Du vergibst uns unsere Schuld, wenn wir *unseren* Schuldnern vergeben. So bitten wir dich:

1. Kind: Lass den Regenbogen der Versöhnung immer wieder in unserer Mitte sichtbar werden, damit der Friede über unsere kleine Welt hinaus wirken kann. – *Liedruf.*

2. Kind: Schenke Eintracht in unseren Familien, der Verwandtschaft und der Nachbarschaft, damit wir alle mehr Freude am Leben haben. – *Liedruf.*

1. Kind: Hilf besonders den christlichen Gemeinden, die sich doch in deinem Namen versammeln, immer wieder einander zu verzeihen. – *Liedruf.*

2. Kind: Zeige den reichen Ländern noch mehr Möglichkeiten, Brücken der Liebe und der Gerechtigkeit zu den armen Ländern zu schlagen. – *Liedruf.*

Pr.: Dann ehren wir dich, Vater, und deinen Sohn, Schöpfer und Erlöser der Menschen. Darum bitten wir …

Frucht bringen aus der Verbindung mit Jesus

Symbol Lebensbaum

Vorbemerkung

Siehe „Wichtige Hinweise“ auf Seite 8.

Vorbereitungen

1. *Auf einer großen Tafel oder Wand* ist ein Lebensbaum gemalt. In die Früchte des Baumes sind die fotografierten Gesichter aller Kommunionkinder geklebt. Beim Lesespiel nach dem Evangelium der Messe werden noch sechs verschiedene Symbole um den Baum geheftet. (Die Idee hierzu fand ich bei einer Erstkommunionfeier der Pfarrei St. Barbara in Mönchengladbach.)
   Im Mittelgang sind die Lebensbäume der Kommunionkinder, die diese in der Größe DIN A3 gemalt haben, auf eine (grüne) Papierbahn geklebt. In jedem Baum steht der Name des Kommunionkindes.
   Der blühende Baum *vor dem Altar* zeigt – vom Blattwerk gehalten – die Hostie, den Leib Christi (ähnlich der „Baum-Monstranz“ auf dem Düsseldorfer Katholikentag) oder Kelch und Brot, dahinter eine Sonnenscheibe.
2. Für die *Predigt* werden ein vertrockneter und ein blühender Zweig benötigt.
3. Zur *Dankmesse* am nächsten Tag liegt für jeden Teilnehmer das Blatt eines Baumes bereit. Wenn das Frühjahr noch keine Blätter hat treiben lassen, können

Sie Efeublätter verwenden. (Oder jedem Kind wird ein Lebensbäumchen in einem Topf zum Einpflanzen mitgegeben.)

4. Ein *Kommunionandenken* zum Thema gibt es bei Egino Weinert, Ursula-Werkstätten, Marzellenstr. 42, D-50668 Köln, Tel. 02 21 / 13 54 69, Fax / 139 00 64, Bestell-Nr. K 80 K: Das Kreuz wird ganz von einem Baum ausgefüllt, und in der Mitte des Baumes ist das Lamm Gottes zu sehen. Möglich auch die Bestell-Nr. 142034 bei Bonifatius-Verlag, Liboristr. 1, D-33098 Paderborn, 10 cm.

Festgottesdienst

Einzug – Begrüßung – Erneuerung des Taufgelöbnisses

Tagesgebet

Vater im Himmel. Danke für diesen Tag. Danke für deinen Sohn Jesus Christus. Er ist wie ein guter Freund, der mich auf meinem Weg zu dir begleiten will. Er schenkt uns lebendiges Brot, das uns sogar mit dir und untereinander verbindet. Um dieses Brot bitten wir durch Christus, unseren Herrn.

Lesung

Vorwort: Wir erinnern uns daran, was damals beim Abendmahl geschah:
1 Kor 11,23–26 (Abendmahlsbericht).

Evangelium

Vorwort: Christus schenkt uns Nahrung für das ewige Leben.

Als Jesus das Volk in der Wüste gespeist hatte, fuhr er mit dem Schiff über den See an das andere Ufer. Viele fuhren hinter ihm her. Jesus sagte zu ihnen: „Ihr sucht mich nur, weil ihr von mir zu essen bekommen habt und satt geworden seid. Sucht nicht so sehr das Brot, das ihr für euren Leib braucht, ihr bekommt doch wieder Hunger. Sucht vielmehr das Brot, das euch ewiges Leben gibt. Solches Brot möchte ich euch geben!" Da baten sie ihn: „Herr, dann gib uns *dieses* Brot." Jesus antwortete: „Ich bin das Brot, das Leben gibt. Wer zu mir kommt, wird nicht mehr hungern. Ich werde keinen, der zu mir kommt, von mir wegstoßen. Jeder, der an mich glaubt und der mich empfängt, wird ewiges Leben haben!"

(Nach Joh 6,22f, z.T. nach Günther Weber, Zwanzig Eucharistiefeiern mit Kindern, Verlag Ludwig Auer, Donauwörth 1969)

oder: Joh 15,14–17: Ich habe euch erwählt …, dass ihr Frucht bringt.

Sprechspiel

Jetzt treten die Kommunionkinder nacheinander ans Mikrofon, sprechen laut und mit Pausen ihren Text und bringen – bis auf das erste Kind – ihr Symbol zur großen Tafel.

1. Kind: Auf der großen Tafel ist ein Baum gemalt: der Baum unserer Freundschaft mit Gott. Vater und Mutter haben ihn gepflanzt. Die Eltern haben den Boden bereitet, damit seine Wurzeln sich eingraben konnten. Danke, liebe Eltern, dass ihr uns den Glauben ins Herz gepflanzt habt.

2. Kind: *(mit Symbol für die Taufe)*
Ohne Wasser gibt es kein Leben. Unser Leben mit Jesus Christus begann in der Taufe. Durch das Wasser der Taufe und das tägliche Beten zum Schöpfer des Lebens wächst unser Bäumchen der Freundschaft mit Gott.

3. Kind: *(mit den Symbolen Brot und Wein rechts und links vom ☧-Zeichen)*
Heute kommt uns Jesus noch näher. In der heiligen Kommunion will er immer wieder unser Wachsen begleiten. In jeder heiligen Messe schenkt er sich uns – wenn wir uns für ihn öffnen.

4. Kind: *(mit Symbol Geisttaube und sieben Flammen)*
In ein paar Jahren sind wir schon fast erwachsen. Dann werden wir für das Leben noch einmal gestärkt durch das Sakrament der Firmung. Dann sind wir hoffentlich stark genug, mit Gottes Heiligem Geist jedem bösen Sturm standzuhalten.

(5. und 6. Kind treten mit ihren Symbolen Mond und Sonne gleichzeitig vor.)

5. Kind: *(mit Mond)*
Auch in unserem Leben werden dunkle Stunden nicht ausbleiben. Stürme können über uns kommen, die uns entwurzeln. Vielleicht laden wir schwere Schuld auf uns oder kehren Gott den Rücken zu.

6. Kind: *(mit Sonne)*
Wir dürfen aber immer an die Güte Gottes glauben. Die Sonne seiner Barmherzigkeit scheint immer. Auch wenn wir sie vor lauter Wolken nicht sehen. Sie will uns auch in Kreuz und Leid wachsen lassen.

7. Kind: *(mit einer Frucht)*
Unser Lebensbaum soll Früchte tragen, damit wir anderen Kraft und Freude schenken. Andere Menschen können sich dann im

Schatten unseres Baumes stärken und ausruhen. – Jesus Christus, begleite unser Wachsen und Reifen ein Leben lang!

Kurze Predigt

(Pr zeigt einen blühenden und einen vertrockneten Zweig)

Dieser blühende Zweig steht für diese Kinder, die sich monatelang auf diesen Tag vorbereitet haben und heute begeistert für Jesus sind – und sie möchten immer so bleiben.
Dieser vertrocknete Zweig zeigt an, was geschehen kann, wenn das Kind von Jesus und der Gemeinde abgetrennt wird, wenn kein Elternteil da ist, der aus Überzeugung die Verbindung unterstützt oder vorlebt.
Und wie steht es mit uns Erwachsenen, die wir vor Jahren diese intensive Gemeinschaft mit Jesus angeboten bekamen? Wie steht es mit Ihnen, liebe Jubilare, die Sie vor 25, 50, 60 oder gar 75 Jahren die Erstkommunion empfingen? Blüht da noch etwas, oder ist die Verbindung schon vor vielen Jahren verloren gegangen?
Der Empfang der hl. Kommunion ist für uns Christen die intensivste Verbindung mit Gott. Und dieses Brot, das ewiges Leben schenkt, kann ich nicht im Bett oder im Wald oder bei einem Fernsehgottesdienst empfangen. Eine entscheidende Verbindung ist aber auch das Sprechen mit Gott und Jesus Christus: das Beten.
Ein Vergleich: Wenn sich heute so viele Ehepaare auseinander leben, liegt ein wichtiger Grund darin, dass kein wirkliches Gespräch mehr stattfand – und sei es über die kleinen Dinge des Alltags. Zu einem guten Gespräch gehört auch das Zuhören; ein Horchen auf die feinen Untertöne beim Sprechen, die etwas von der Seele des Gegenüber verraten können. Und eines Tages ist das Gegenüber „gestorben".
In dieser Gefahr stehen wir auch, wenn das Sprechen mit Gott und das Hören auf ihn selten und unregelmäßig stattfinden. Vielleicht finden Sie aus der Ehrlichkeit des Herzens heraus nicht mehr den Weg nach vorne zum Empfang der hl. Kommunion. Wenn Sie es ändern wollen, dann beginnen Sie erst einmal wieder in guten und in bösen Tagen mit einem lebendigen, regelmäßigen Gebet in der Sprache des Herzens. Und Sie werden sehen, wie der Zweig langsam wieder Knospen treibt.
Ich stelle beide Zweige hier vorne gut sichtbar hin, damit sie uns an die Frage erinnern: Wie steht es um meine Verbindung mit Gott?

Instrumentalmusik

Fürbitten (Festmesse)

Pr.:	Herr, unser Gott. Du willst, dass wir unter deiner Sonne wachsen. Wir bitten dich:
Mutter:	Du hast uns Kinder anvertraut als die kostbarste Gabe auf Erden. Lass alle Eltern die guten Veranlagungen ihrer Kinder hegen und pflegen, damit sie einmal Früchte der Liebe, des Friedens und der Versöhnung schenken können. – *Liedruf*
Tischmutter/ -vater:	Wir haben als Tischmütter (und -väter) diese Kinder ein halbes Jahr lang begleitet und diese jungen Bäumchen mitbeschützt. Lass sie weiterhin wachsen, blühen und schließlich Früchte tragen! – *Liedruf*
Kind:	Unsere Bäumchen des Glaubens sind noch schwach und dünn. Ein Sturm kann sie leicht knicken. Schenke uns und allen Kindern Erwachsene als Stützstab, die uns durch ihr Beispiel halten und stark machen. – *Liedruf*
Vater:	In manchem Elternteil ist der Baum des Glaubens durch Enttäuschungen, Bequemlichkeit und Gleichgültigkeit verkümmert. Lass ihn wieder gesunden und aufblühen. Dann können sie den Kindern in ihrer religiösen Entwicklung mit Rat und Tat zur Seite stehen. – *Liedruf*
Pr.:	Darum bitten wir den Herrn der Welt durch Christus, unseren Herrn.

Gabengebet

Herr, unser Gott. In diesen Gaben von Brot und Wein nimm uns selber an mit unserer Freude und mit unseren Sorgen. Durch diese Gaben verbinde uns mit dir und schenke uns neuen Mut zum Leben. Darum bitten wir durch Christus, unseren Herrn.

Schlussgebet mit Kindern

(Pr betet vor, und die Kommunionkinder wiederholen laut jede Zeile)

Jesus, ich *danke* dir:
Ich durfte deinen heiligen Leib empfangen.
Du willst mit mir gehen ein Leben lang.
Du schenkst mir Kraft zum Guten.
Jesus, ich *schenke* dir
mein Herz und mein Denken,
meine Hände und Füße, Augen und Mund,
meine Arbeit und Freude,
meinen Ärger und meine Angst.
Jesus, ich *bitte* dich:
Hilf allen Menschen in Not,
schenke uns Reichen ein weites Herz.
Lass mich für dich durchs Feuer gehen.
Amen.

Bausteine für die Dankandacht

Andachtsteil

GL 779,4: Heilige Gemeinschaft ... der kommenden Welt.

Sprechspiel mit Zeichnungen

Sieben Kinder zeigen nacheinander ihr gemaltes Bild nach allen Seiten. Jedes Kind spricht seinen Text, den es von der Rückseite des hochzuhebenden Bildes abliest, und stellt sich dann gut sichtbar mit seinem Bild zu einem Halbkreis auf.

1. Kind: *(zeigt sein Bild mit einem Baum im Winter, der nach unten so viele Wurzeln zeigt wie nach oben Äste)*

Jeder Baum braucht Wurzeln, die sich tief in die Erde eingraben. Dann wird er in einem Sturm nicht umgeworfen.
So braucht jeder Mensch einen Glauben, der in Gott wurzelt. Dann können ihn die Stürme des Lebens nicht umwerfen. – Herr, schenke uns einen solchen Glauben!

2. Kind: *(zeigt sein Bild mit einem jungen Bäumchen, das an einem Stützpfahl angebunden ist)*

Jedes Bäumchen braucht einen Halt, einen Stützpfahl, damit es im Sturm nicht

abknickt. – So braucht jeder Mensch Eltern und Freunde, die ihn halten und stützen. –
Herr, zeige den Eltern einmal den richtigen Augenblick, wann sie sich als Stützpfahl bei ihrem Kind zurücknehmen müssen.

3. Kind: *(zeigt sein Bild mit einer großen, belaubten Eiche)*
Jeder Baum sorgt für Sauerstoff. Eine große Eiche zum Beispiel spendet täglich Sauerstoff für über 60 Menschen. Darum will ich mit jedem Baum verantwortungsvoll umgehen. Denn wenn Bäume sterben, stirbt langsam auch der Mensch. – Auch wir Menschen können wie die Bäume für eine gute Atmosphäre sorgen. Herr, hilf uns dabei!

4. Kind: *(zeigt sein Bild mit einem kleinen, aber stämmigen Bäumchen im Hochgebirge, das seine Wurzeln fest in den Fels gekrallt hat)*
Auch dieser Baum wollte eigentlich groß und schön werden, aber die Höhe, das harte Klima und das bisschen Erde ließen es nicht zu. – So gibt es auch Menschen, die sich ihr Leben anders vorgestellt haben und nun unzufrieden sind. Wir wollen ihnen das Gefühl geben, dass sie an ihrem Platz gut und wichtig sind. – Herr, hilf uns dabei!

5. Kind: *(zeigt sein Bild mit einem Baum ohne Früchte. Am Stamm sind eine Axt und ein Spaten angelehnt)*
In den Augen Gottes sind wir Menschen wie Bäume, die gute Früchte bringen sollen. Die Bibel sagt: Jeder Baum, der keine guten Früchte bringt, wird abgehauen und ins Feuer geworfen. – Gott hat aber Geduld: Im Gleichnis vom Feigenbaum bekommt der Baum noch ein Jahr Zeit, um Früchte zu bringen, und erst soll noch mit dem Spaten der Boden aufgegraben werden. – Herr, habe Geduld mit uns und allen Menschen! (Mt 3,10; Lk 13,6–9).

6. Kind: *(zeigt sein Bild mit einem Wald von jungen und alten Bäumen)*
Viele Bäume, die dicht zusammenstehen, überstehen Stürme besser, weil einer den anderen schützt und stützt. – So brauchen wir Kommunionkinder noch viele Menschen, die uns mit ihrem Glauben stützen. – Herr, lass uns gemeinsam an dich, Jesus und die Kirche glauben!

7. Kind: *(zeigt sein Bild mit einem Baum mit großen, roten Früchten, in dem aber auch ein Kreuz zu erkennen ist)*
In vielen Völkern lebt die Vorstellung von einem Lebensbaum, von dem es heißt: Wer von seinen Früchten isst, wird nie sterben. Auch die Bibel spricht von einem Baum des Lebens im Paradies. – Wir glauben, dass der Baum des Kreuzes, an dem Jesus hing, uns ewiges Leben schenkt. – Ja, Herr, schenke uns allen ewiges Leben!

Bausteine für die Dankmesse

Jede/r TeilnehmerIn erhält das Blatt eines Baumes: Siehe unter „Vorbereitung", Nr. 3, Seite 89.

Tagesgebet

(Nehmt bitte das Blatt in die Hände und schaut, wie die Adern bis in die Blattspitzen laufen ... Auch wenn du es umdrehst: überall ein dichtes, sinnvolles Netz.)
Vater im Himmel. Von tausenden Blättern eines Baumes habe ich ein kleines Kunstwerk in der Hand. Auch ich selbst bin wie ein Blatt unter Milliarden anderer am Baum der Menschheit. Jeder ist anders – jeder ein Kunstwerk. Wie schön musst du erst sein, der du dies alles unzählige Male wachsen lässt! Und alle Menschen haben dich als Vater und für alle ist dein Sohn Jesus Christus gestorben. Danke! Amen.

Evangelium

Jesus sagte: „Ich bin der Weinstock und ihr seid die Reben. (Oder entsprechend dem Bild auf unserer Tafel würde er sagen: Ich bin der Stamm, ihr seid die Blätter und Früchte.) Wer mit mir verbunden bleibt wie ich mit ihm, der wird reiche Frucht bringen. Aber ohne mich könnt ihr (in den Augen Gottes) nichts vollbringen. Wer nicht mit mir vereint bleibt, der wird wie eine abgeschnittene Rebe fortgeworfen und vertrocknet." (Joh 15,5.6a)

Kurze Predigt

Wir schauen auf das Blatt. Gestern haben wir es gehört und jetzt wieder im Evangelium: Wer mit Jesus nicht verbunden bleibt, der verdorrt – so wie dieses Blatt jetzt langsam verdorren wird, weil es nicht mehr mit dem Stamm verbunden ist. Wer aber mit Jesus verbunden bleibt, der bringt reiche Frucht.
Heute möchte ich euch noch auf etwas anderes aufmerksam machen: Ein Baum braucht auch die Blätter. So braucht Jesus auch uns, um heute in der Welt noch sichtbarer zu werden. Dazu eine Geschichte:
Im letzten schlimmen Krieg fiel eine Kirche im Bombenhagel in Schutt und Asche. Als die Leute die Steine und Balken wegräumten, fanden sie auch das große Kreuz aus dem Chor der Kirche. Hände und Füße waren vom Corpus abgerissen. Zuerst wollten sie von einem Künstler Hände und Füße nachschnitzen lassen, aber dann haben sie Jesus am Kreuz so aufgerichtet, wie sie ihn gefunden hatten, und darunter den Text geschrieben:

Jesus sagt:
Ich habe keine Hände mehr – ihr seid jetzt meine Hände …
Ich habe keine Füße mehr – ihr seid jetzt meine Füße …

Jesus braucht uns, um im Alltag draußen sichtbar zu werden. Er braucht unsere Augen, unsere Lippen und unser Herz. Wir sind die Bibel, die draußen noch gelesen wird. Wollen wir es versuchen, Jesus hinauszutragen?

Fürbitten (Dankmesse)

Pr.: Vater, der du überall für uns da bist. Wir bitten dich:

1. Kind: Du hast uns die ganze Welt durch deinen Sohn geschenkt. Lass die Menschen auf der ganzen Erde verantwortungsvoll mit deiner Schöpfung umgehen, mit den Pflanzen und Tieren, der Luft und dem Wasser! – *Liedruf*

2. Kind: Wir Menschen sind aufeinander angewiesen: Lass die Lenker der Staaten und die Leiter der Kirchen einander mehr anerkennen und loben, mehr teilen und helfen – und so für eine bessere Atmosphäre sorgen. – *Liedruf*

1. Kind: Wir brauchen deine Nähe und Hilfe wie unsere Nahrung zum Leben: Lass uns mehr auf dich als auf Menschen bauen, wenn wir es schwer haben. – *Liedruf*

2. Kind: Du brauchst uns heute in den Schulen und den Büros, in den Fabriken und auf den Straßen. Lass uns den Menschen so begegnen, dass sie an deine Güte glauben können. – *Liedruf*

Pr.: Dann ehren wir dich, Vater, und deinen Sohn, den Schöpfer und Erlöser der Menschen. Darum bitten wir …

Gabengebet

Herr, unser Gott. Durch diese Gaben von Brot und Wein werden wir ganz eng mit deinem Sohn verbunden. Wir bitten dich um neue Kraft, denn ohne dich vermögen wir nichts. Darum bitten wir …

Nach der Kommunion

1. Kind: Christus hat keine Hände, nur unsere Hände,
um seine Arbeit heute zu tun.
Er hat keine Füße, nur unsere Füße,
um Menschen auf seinen Weg zu führen.

2. Kind: Christus hat keine Lippen, nur unsere Lippen,
um Menschen von ihm zu erzählen.

	Er hat keine Hilfe, nur unsere Hilfe,
	um Menschen an seine Seite zu bringen.
1. Kind:	Darum seid ihr die Hände Christi heute in der Welt.
	Greift fest zu und wirkt das Schöne, Gute, Nötige.
	Drum seid ihr die Füße Jesu heute in der Welt.
	Geht den vielen armen Menschen nach in ihrer Not.
2. Kind:	Darum seid ihr die Augen Jesu heute in der Welt.
	Blickt hinter all die Mauern, wo das Unrecht schreit.
1. Spr.:	Ja, Herr, lass uns deine Zeugen sein heute in der Welt.
	Alle sollen spüren: Du bist der Retter für alle Menschen.

Aktion

Lege dieses Blatt eine Zeit lang auf deinen Schreibtisch oder trockne es in einem Buch (umklebt kann es zum Lesezeichen werden). Oder du klebst es in das Buch, das du vielleicht geschenkt bekommen hast und in das sich alle Gäste eingetragen haben. Und wenn dein Blick auf dieses Blatt fällt, dann erinnere dich an heute.

Schlussgebet

Allmächtiger Gott. Ohne dich bin ich nichts. Lass mich mit dir immer verbunden bleiben. Und aus deiner Kraft lass mich für eine gute Atmosphäre um mich herum sorgen. Darum bitten wir …

Kraft aus der Höhe

Symbol Seerose

Vorbemerkungen

1. Siehe „Wichtige Hinweise“ auf Seite 8.
2. Es gibt Postkarten mit Seerosen, die Sie vielleicht als Einladung zur Erstkommunion oder als kleines Erinnerungsgeschenk weitergeben möchten: Nr. 2301383 bei Fotokunst Groh, D-82237 Wörthsee, und Nr. RKW 8138, mit dem Text „Dienet dem Herrn mit Freuden“ (Ps 100,2) beim Kawohl-Verlag, D-46485 Wesel; *oder:* F 187 mit der Aufschrift: Je dunkler es hier um uns wird, desto mehr müssen wir das Herz öffnen für das Licht von oben (Edith Stein): Dreifaltigkeitskloster, Helmtrudisstr. 23, D-33140 Bad Driburg, Tel. 0 52 53 / 33 20, Fax / 93 04 65.

Vorbereitungen

1. *Im Mittelgang* liegen auf einer hellgrünen Papierbahn so viele kleine Teiche aus blauem Tonpapier, wie es Kommunionkinder-Gruppen gibt. Auf jedem Teich liegen gebastelte Seerosen mit dunkelgrünen Blättern, dabei die Namen der einzelnen Kinder. Der/die LeiterIn trägt sich auch auf dem Wasser des kleinen Teiches ein. Auf dem helleren Untergrund der Papierbahn können eventuell noch gebastelte Frösche und Libellen das Ganze beleben.

Vor dem Altar steht eine Seerose im Längsschnitt als Puzzle, das von den Kindern im „Sprechspiel“ der Predigt zusammengesetzt wird. Nur die Blätter der Seerosenblüte dürfen die Altarkante um etwa 5 cm überragen, damit später Bibel und Brotschale nicht verdeckt sind. (Weitere Angaben unter Sprechspiel.)
Am besten wird das beabsichtigte Puzzle zuerst aufgemalt, dann in die entsprechenden acht Teile aufgeteilt (allerdings sollten große Teile des Bodens im Teich und vor allem die großen Wasserflächen z. T. schon stehen, damit die Kinder keine allzu großen Puzzleteile anschleppen müssen), aufgeklebt und ausgesägt. Als Auflagefläche für das Puzzle genügt eine dünne, etwas schräg gegen den Altar gelehnte Holzplatte. Auf die Rückseite der einzelnen Puzzleteile den Text kleben, der dann von den Kommunionkindern abgelesen werden kann.
Oder: Sie heften nur die Buchstaben S E E R O S E an eine vorgesehene Stelle. Kind 8 und 9 tragen dann Bibel und Hostienschale.
Auf einer großen Tafel (mindestens 2 x 2 m) ist eine einzige große Seerose aus der Vogelperspektive gemalt. In die Blütenblätter der Seerose sind Fotos aller Kommunionkinder geklebt.

2. *Zur Andacht* können einige Kinder mit Hilfe Erwachsener ein Bild malen. Näheres siehe unter „Bausteine für eine Andacht“. Diese zeichnerische Aufgabe sollte spätestens beim letzten Elternabend verteilt werden.
3. *Kommunionandenken:* Ein Kreuz mit Seerosen beim Bonifatius-Verlag, Liboristr. 1, D-33098 Paderborn, Bestell-Nr. 142054, 10 cm.
4. In den Gruppen könnten die Kommunionkinder versuchen, mit Zierwachs eine Seerose auf ihrer *Kommunionkerze* anzubringen, dazu eine Sonne, die strahlt.

Festgottesdienst

Einzug – Begrüßung – Erneuerung des Taufgelöbnisses

Bußakt

Pr.: Unsere Erstkommunion steht im Zeichen der Seerose.
Die Kinder selbst helfen uns dabei, dieses Gleichnis zu verstehen.

1. Kind: Eine Seerose muss im Teich gut verwurzelt sein, sonst treibt sie an der Oberfläche. –

	Auch ein Mensch braucht tiefe Wurzeln. Sonst kann er im Leben keinem Sturm standhalten. –
	Aber so viele Menschen sind entwurzelt und ohne Halt.
	Darum rufen wir:
Pr.:	Herr, erbarme dich!
Alle:	Herr, erbarme dich!
2. Kind:	Eine Seerose braucht die Strahlen der Sonne, sonst öffnet sie ihre Blüte nicht. –
	Auch ein Mensch braucht das Wohlwollen der Mitmenschen und „Kraft aus der Höhe", nämlich die Barmherzigkeit Gottes. –
	Doch so viele Menschen sind verschlossen und traurig.
	Darum rufen wir:
Pr.:	Christus, erbarme dich!
Alle:	Christus, erbarme dich!
3. Kind:	Eine Seerose wird vom Wasser getragen. –
	Auch ein Mensch braucht eine Familie, Freunde und Gruppen, die ihn tragen und stützen.
	Aber so viele fühlen sich verlassen und allein. Darum rufen wir:
Pr.:	Herr, erbarme dich!
Alle:	Herr, erbarme dich!
Pr.:	Der gute Gott erbarme sich unser. Er verzeihe uns, was wir übersehen und unterlassen, und führe uns auf den Weg in seine Sonne.

Tagesgebet

Guter Gott. Du liebst uns Menschen. Darum hast du uns deinen Sohn gesandt. So schenke uns in ihm deine „Kraft aus der Höhe", heute und alle Tage unseres Lebens. Amen.

Evangelium

Vorwort: Was meint das Hl. Buch mit „Kraft aus der Höhe"?

Einmal sagte Jesus, und er sagt es jetzt zu uns: „Ich bin das Brot des Lebens. Eure Väter haben in der Wüste das Manna gegessen und sind gestorben. So aber ist es mit dem Brot, das vom Himmel herabkommt: Wenn jemand davon isst, wird er nicht sterben. Ich bin das lebendige Brot, das vom Himmel herabgekommen ist. Wer von diesem Brote isst, wird in Ewigkeit leben" (Joh 6,48–51a).

Oder: Joh 6,56–58 (Brot vom Himmel).

Sprechspiel zur Predigt

Pr.: Die Kommunionkinder halten uns heute die Predigt.
Sie deuten uns das Gleichnis der Seerose.

Jedes Kind bringt nun sein Puzzleteil, auf dessen Rückseite der Text steht. Vor dem Altar steht an der Puzzleunterlage ein Kind oder ein(e) Vater/Mutter, um das Teil an der richtigen Stelle zu befestigen. Die großen Flächen des Bodens im Teich und der Wasserfläche sind bereits eingefügt.

Oder: Die Kinder bringen nur die Buchstaben des Wortes S E E R O S E in durcheinander gewürfelter Reihenfolge und heften sie an eine vorgesehene Stelle.

1. Kind: *(mit einem Stück des Teichgrundes)*
Eine Seerose wurzelt im Grund des Teiches. Ich bringe ein Stück davon. –
Auch ein Mensch braucht so einen Grund. Der beste Nährboden für ihn ist eine Familie, in der er sich geborgen fühlen kann. Er braucht ihre Wärme und ihren Halt. Dann kann er tiefe Wurzeln schlagen.

2. Kind: *(mit dem Wurzelstück der Seerose)*
Je tiefer eine Seerose ihre Wurzeln ins Erdreich krallt, umso besser kann sie später einem Sturm trotzen. –
Auch ein Mensch steht umso fester, je gesünder und zäher seine Wurzeln sind; je tiefer sein Vertrauen und sein Glaube sind.

3. Kind: *(mit dem Stängel der Seerose)*
Die Seerose streckt sich nach oben. Sie erobert sich ihren Platz an der Wasseroberfläche. –
Auch wir Kinder kommen jetzt in die Phase, in der wir mit unserer Größe nach oben streben. Wenn wir innerlich wachsen wollen, sind auch Wille, Fleiß und Ausdauer gefragt.

4. Kind: *(mit einem Teil der Wasserfläche)*
Die Seerose braucht die Wasseroberfläche. Auf ihr entfaltet sie ihre Blätter und Blüten. –
Auch wir brauchen außerhalb der Familie noch Freunde, Gruppen und Vereine, in denen wir mitarbeiten und uns wohl fühlen. Dann tragen sie uns auch.

5. Kind: *(mit einem weiteren Teil der Wasseroberfläche)*
Mit Wasser wurden wir bei der Taufe noch in eine andere Gemeinschaft aufgenommen. Auch sie will uns tragen: Die Gemeinschaft derer, die Christus vertrauen. –
Jeden Sonntag kommen wir hier zusammen, um zu erfahren, dass uns andere noch mittragen.

6. Kind: *(mit den Blättern der Seerose)*
Die Seerose verlässt sich auf die Wasseroberfläche und entfaltet darauf ihre Blätter. –
Auch wir Menschen müssen die Gelegenheit wahrnehmen, uns von anderen halten zu lassen. So haben wir ... Kommunionkinder uns in ... Gruppen auf diesen Tag vorbereitet. Es war schön in diesen kleinen Gemeinschaften: Wir danken all den Müttern (und Vätern), die uns dabei mitgetragen haben.

7. Kind: *(mit der Blüte der Seerose)*
Wenn die Sonne scheint, öffnet die Seerose ihre herrliche Blüte. Sie wird selbst zur kleinen Sonne. –
Auch wir blühen auf, wenn wir unsere Seele in die Sonne halten:
In die Sonne freundlicher Mitmenschen, in die Sonne der Stille und der Natur und in die Sonne Gottes bei Gebet und Gottesdienst.

8. Kind (mit Hostienschale) und 9. Kind (mit Bibel) kommen gleichzeitig:

8. Kind:
Heute erhalten wir eine besondere „Kraft von oben". –
Jesus kam damals in die Welt, um uns zu sagen: Gott liebt uns!

9. Kind:
Als er fortging, ließ er uns sein Wort und sein Brot zurück. –
Wort und Brot und sein Heiliger Geist helfen uns,
den Weg zu Gott leichter zu finden.
Darum lege ich voller Dank die Bibel über die Blüte der Seerose.

8. Kind:
Und ich bringe die Hostienschale mit dem Brot: Das lebendige Brot, das uns der Himmel schickt. Damit wir die Strahlen der Sonne Gottes spüren.
(Beide legen das Genannte neben die Blüte)

Kurze Ansprache
Dabei wird an eine der folgenden Kurzgeschichten angeknüpft:
„Kurzgeschichten 1", Nr. 96: Die Seele in die Sonne halten,
oder: Aus „Kurzgeschichten 2" die Nr. 71, 73 oder 74.

Meditationsmusik

Fürbitten (Festmesse)

Pr.:	Mächtiger Gott. Wir danken dir für unsere schöne Erde, in der so viele kleine Wunder am Wege auf dich hinweisen. Wir rufen zu dir:
Mutter:	Wir danken dir für das große Geschenk, uns Kinder anzuvertrauen. Hilf uns, zu Hause eine solche Atmosphäre der Geborgenheit entstehen zu lassen, in der sie gesunde, kräftige Wurzeln bilden können. – *Liedruf*
1. Kind:	Wir danken allen für die schöne Vorbereitungszeit! Lass die Eltern, Geschwister und Paten uns helfen, dass wir nach dem schönen Fest nicht gleich wieder aus der kirchlichen Gemeinschaft herausgerissen werden. – *Liedruf*
Vater:	Wir alle brauchen Menschen und Gemeinschaften, die uns tragen. Hilf uns, es immer wieder neu miteinander zu versuchen; wenn wir uns entfremden. Schenke uns besonders Augen für alle, die krank sind oder alt, alleine und benachteiligt. – *Liedruf*
2. Kind:	Wir alle brauchen Kraft aus der Höhe. Lass uns die Sympathie weitergeben, die wir von Gott und den Menschen erfahren, damit die Traurigen wieder lachen können. – *Liedruf*
Tischmutter/ -vater:	Wir durften als Tischmütter und -väter diese Kinder ein halbes Jahr begleiten. Das hat nicht nur Zeit gekostet, es hat auch uns selbst eine Menge geschenkt. Wir bitten dich auch im Namen derer, die vor 25, 50 … Jahren zur ersten hl. Kommunion gingen: Hilf uns, in der Kirche eine gute Gemeinschaft zu werden, die einander versteht und trägt. – *Liedruf*
Pr.:	Denn dann erfüllen wir den Auftrag deines Sohnes, der mit dir lebt und herrscht in alle Ewigkeit. Amen.

Gabengebet

Heiliger Gott. Wir schenken dir die Gaben von Brot und Wein zurück. Erfülle sie mit deiner Kraft aus der Höhe, damit sie uns helfen, dich und die Mitmenschen zu lieben. Darum bitten wir durch Christus, unseren Herrn.

Einleitung zum Friedensgruß

Um einen Ertrinkenden aus dem Wasser zu ziehen, strecken wir unsere Hand aus. Gebt einander ein ähnliches Zeichen, an dem jeder erkennen kann, dass wir zum Retten da sind und nicht zum Richten.

Meditation nach der Kommunion

1. Kind: Jesus, du bist in diesem Brot mitten unter uns. Auch die Strahlen der Monstranz heute Nachmittag erinnern an die Sonne.

2. Kind: Du hast gesagt: „Ich bin das Licht der Welt." Wie die Sonne mit ihrer Kraft den Weltraum, die Luft und die Wolken durchdringen kann, so bist du da und wärmst uns.

1. Kind: Durch dich kann alles wachsen, blühen und reifen.
Du gibst uns Leben und Wärme.

2. Kind: Wir freuen uns, wenn die Sonne scheint.
So dürfen wir uns auch an dir erfreuen.
Wir danken dir, dass wir in deinem Licht leben.

(Nach einer Vorlage der Pfarrgemeinde Lobenfeld)

Schlussgebet

Herr, unser Gott. Die heilige Speise, die wir empfangen haben, mehre in uns die Kraft des Herzens, damit wir auch in den Stürmen des Lebens „über Wasser" bleiben können. Darum bitten wir …

Bausteine zur Andacht

Sprechspiel mit Zeichnungen

Jedes Kind zeigt sein gemaltes Bild nach allen Seiten, spricht seinen Text, den es von der Rückseite abliest, und stellt sich dann gut sichtbar mit seinem Bild zu einem Halbkreis auf.

1. Kind: *(zeigt sein Bild: Eine Seerose aus der Vogelperspektive)*

Wir haben unsere Erstkommunion unter das Zeichen der Seerose gestellt: Sie braucht starke Wurzeln; Wasser, das sie hält und trägt; und sie lebt von der Kraft aus der Höhe.
Wir danken dir, Gott, für die herrliche kleine Sonne der Seerose: Abglanz deiner Herrlichkeit.

2. Kind: *(zeigt sein Bild: Eine Palme, in deren Krone gut sichtbar ein Stein liegt, und deren Wurzeln sich besonders tief und ausdrucksstark nach unten entfalten)*

Auf die Wurzeln kommt es an! Als diese Palme jung war, legte ein böser Mensch einen Stein in ihre Krone, um sie zu einer Krüppelpalme zu machen. Aber sie wehrte sich und krallte ihre Wurzeln noch tiefer ins Erdreich. So erreichte sie verborgene Wasseradern. Aus dieser Kraft heraus konnte sie den Stein zur Seite drücken. Sie wurde die kräftigste Palme weit und breit.

3. Kind: *(zeigt sein Bild: Ein Schiff, vom Wasser getragen)*
Wasser kann tragen. Wir erleben dies nicht nur bei der Seerose.
Wir danken Gott für alle Menschen und Gemeinschaften, die uns tragen und halten, damit wir in den Stürmen des Lebens nicht untergehen.

4. Kind: *(zeigt sein Bild: Ein Teleskop, das in den Weltraum lauscht)*
Die Seerose lebt von der Kraft aus der Höhe – wie alle Blumen, Sträucher und Bäume. Wie alles, was lebt – auch wir Menschen. Selbst technische Dinge, die der Mensch erfunden hat, lauschen ins Weltall: ob beim Teleskop oder den vielen Rundantennen an den Häusern.
Herr, hilf auch uns, die Antenne für die Kraft aus der Höhe immer bereitzuhalten!

5. Kind: *(zeigt sein Bild: Eine „stille" schöne Landschaft mit Bäumen, Feldern und einem Bach)*
Kraft aus der Höhe können wir auch tanken, wenn wir eine Antenne haben für die schöne Natur; für die Wunder am Wege; für Stille und Besinnung.

6. Kind: *(zeigt sein Bild: Menschen stehen im Kreis, schauen sich an und halten sich an den Händen; an einer Stelle ist ein Kreuz zu sehen)*
Kraft aus der Höhe erhalten wir auch, wenn wir mit anderen Menschen zusammen Gott danken und loben; ihm Lieder singen und ihn bitten.

7. Kind: *(zeigt sein Bild: Ein Kind wird über einem Taufbrunnen getauft,*
oder stilisiert: Krug, aus dem Wasser in eine Schale fließt;
brennende Taufkerze und Taufkleid, dazwischen ein Kreuz)
In diese Gemeinschaft der Christen wurden wir durch die Taufe aufgenommen. Seit diesem Tag sind Getaufte füreinander verantwortlich. Auch so können wir erfahren, dass die Kraft aus der Höhe oft durch die Menschen kommt.

8. Kind: *(zeigt sein Bild: Brotschale mit Hostie darüber und Kelch auf dem Altar)*
Heute bekommen wir in der heiligen Kommunion die Kraft aus der Höhe in Gestalt des heiligen Brotes geschenkt. Jesus sagt dazu:
„Ich bin das Brot, das vom Himmel herabgekommen ist.
Wer von diesem Brot isst, wird in Ewigkeit leben."

9. Kind: *(zeigt sein Bild: Eine Seerose im Längsschnitt mit Wurzeln, Stängel, Blättern und Blüte im Wasser)*
Darum möchte ich sein wie die Seerose:
Verwurzelt im Erdreich, von Menschen getragen und geöffnet für den Himmel.

Im Andachtsteil
GL 779,5: Das Brot des Lebens …, Brot vom Himmel hast du uns gegeben.

Bausteine für die Dankmesse

Evangelium
Mt 14,22–33: Petrus erfährt die „Kraft aus der Höhe“:
Jesus hält ihn über Wasser.

Ansprache
Das Evangelium wird kurz gedeutet: Wir sind heute der verlängerte Arm Christi, der im Boot der Kirche vielen Menschen Platz bietet.
Dann wird je nach Ermessen auf einen Gesichtspunkt zur Seerose über eine Kurzgeschichte, die auch von Kommunionkindern in verteilten Rollen vorgelesen werden kann, eingegangen.
Wurzel: „Kurzgeschichten 1“, Nr. 42; dazu das Bild 2 aus der Andacht. Hier kann auch die „Kraft aus der Höhe“ aufgezeigt werden, denn die Geschichte spricht ja auch davon, dass die Palme sich den Strahlen aus der Höhe entgegenstreckte.
Gemeinschaft: „Kurzgeschichten 2“, Nr. 171: Die Gemeinschaft vieler Ameisen hilft der Blume in der Wüste zu überleben. Die Geschichte zeigt auch nüchtern die Wirklichkeit auf: Viele sind nicht bereit zu helfen.
„Kraft aus der Höhe“: „Kurzgeschichten 3“, Nr. 103: Beppo erfährt Hilfe „aus der Höhe“. Und „Kurzgeschichten 4“: Nr. 101: Der Blick „nach oben“ hilft.

Fürbitten (Dankmesse)

Pr.: Mächtiger Gott. Voller Dank für die schönen Tage wollen wir die nicht vergessen, denen manches fehlt. Darum rufen wir dich an:

1. Kind: Wir bitten dich für so viele Menschen, die entwurzelt leben: ohne ein richtiges Zuhause; ohne eine Heimat; ohne Hoffnung auf eine bessere Zukunft. – *Liedruf*

2. Kind: Wir bitten dich für so viele, die sich nicht getragen fühlen; die enttäuscht und mutlos sind; die Zweifel haben, ob Gutheit nicht Dummheit ist; die auch kein Vertrauen mehr haben zu dir. – *Liedruf*

1. Kind: Wir bitten dich für so viele, die verschlossen leben: allein und einsam; verstoßen und ungeliebt; hungernd und dürstend nach einem guten Wort. – *Liedruf*

2. Kind: Und wir bitten dich für uns selbst, die wir manchmal mit leeren Händen vor dir stehen; die undankbar und gleichgültig sind; oberflächlich und zerstreut. – *Liedruf*

Pr.: Gott, du liebst uns, auch wenn wir Fehler machen. Bleibe uns nahe in deinem Sohne Jesus Christus, der mit dir lebt und herrscht in Ewigkeit.

Vom Honigbrot in der Wüste des Lebens

Symbol Bienen

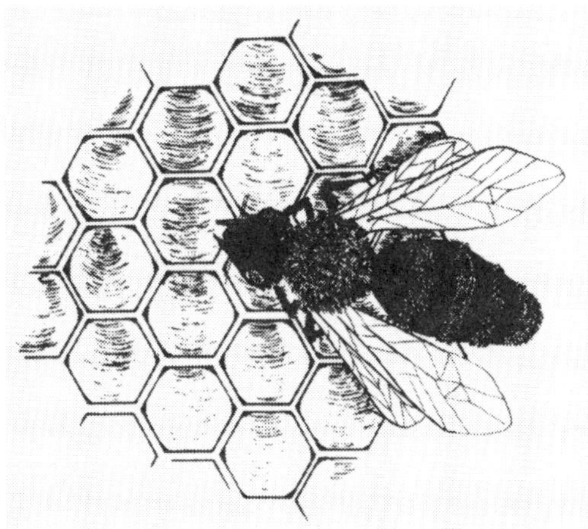

Vorbemerkungen

1. Siehe „Wichtige Hinweise" auf Seite 8.
2. Während in der Antike und im Mittelalter die Biene und das Bienenvolk eine größere Rolle spielten, scheint dieses Gleichnis in unseren Zeiten verloren gegangen. In der heutigen praktischen Literatur fand ich bisher nur etwas bei Wilhelm Willms, Aus der Luft gegriffen, Verlag Butzon & Bercker, Kevealer 1976, S. 64f, und bei Franz Pitzal, Die Feier der Erstkommunion, eine Feier zur Erstkommunion „Gemeinsam wie die Bienen", Verlag Friedrich Pustet, Regensburg 1988, die auch in der „Kindermessbörse" 89–1, S. 9f, abgedruckt ist. Letzteres allerdings greift dabei das meines Erachtens „Brennglas" Manna, das wie Honigkuchen schmeckte, nicht auf.
3. Weitere Informationen zur Wunderwelt der Biene finden Sie in meiner Ministranten-Aufnahmefeier „Wie die Bienen" in „Familien+Jugend-Gottesdienste", Juli/August 90, Bergmoser+Höller-Verlag, Aachen, unter Vorüberlegungen Nr. 2.
4. Ausgespochen christliche Lieder, die mir zur Biene und zum Manna bekannt und für Kinder singbar sind: „Gloria" aus der Schildberger Schülermesse, ...: „Die Biene, die summt ..." und „du hast uns geladen ..." aus „Lasst die Kleinen singen", beides Studio Union, Postfach 1562, D-65535 Limburg; darin der Satz: „... das Manna zu empfangen, das uns mit dir vereint".

Vorbereitungen

1. Wichtig wäre es, in der Vorbereitungszeit den Besuch bei einem Imker einzuplanen oder einen Imker (vielleicht in „voller Montur") in die Gruppe zu holen. Das wäre auch ein Beitrag zum Umweltschutz, denn die Kinder sehen anschließend Bienen und Blüten und eventuell auch das Gift spritzen mit anderen Augen. Es gibt auch das Video „Die Bienenstadt", Bestell-Nr. 203.275 VHS im Hänssler-Verlag, Postfach 1220, D-73762 Neuhausen-Stuttgart.
2. *Im Mittelgang* liegen auf einer Papierbahn, die durchweg „blühende Wiesen" oder „blühende Sträucher und Bäume" zeigt, so viele Bienenkörbe, gemalt oder gebastelt, wie es Gruppen in der Vorbereitung gibt. Bienen fliegen in der Anzahl der Kommunionkinder herum und ihre Namen stehen darauf oder dabei. An den Bienenkörben stehen die Namen derer, die die Gruppen vorbereitet, ihnen „Schutz" gegeben haben.
   Oder: Der Teppich wird in der Meterzahl entsprechend auf jede Gruppe aufgeteilt und von ihr bemalt. Im Mittelgang werden die Teilstücke der Gruppen zum Ganzen zusammengefügt.
   Oder: Die Kinder malen verschiedene Blumen und schneiden sie aus: Sie werden dann auf dem Teppich zusammenkomponiert festgeklebt.
   Vor dem Altar oder sogar auf einer Seite des Altares steht gut sichtbar ein „klassischer" Bienenkorb. An ihm hängen die gebastelten Bienen an feinen Fäden oder sitzen auf dem Korb. Beim Sprechspiel zur Predigt der Festmesse werden die ankommenden Bienen noch dazu geheftet.
   Auf einer großen Tafel (ca. 2 x 2 m oder größer) ist ein blühender Obstbaum zu sehen: Die Bienen schwirren zwischen ihm und dem gemalten Bienenkorb hin und her. Neben oder sogar auf die Biene wird jedes Mal das Bild eines Kommunionkindes geklebt.
3. Ein passendes *Kommunionandenken* finden sie beim Kunstverlag D-56653 Maria Laach, Bestell-Nr. 329/8, 7 cm: Kreuz auf Sonnenblume/Wabe mit Biene.
4. Die *Kerzen* der Kommunionkinder könnten auch aus Bienenwachsplatten selbst gedreht werden.

Festgottesdienst

Einzug – Begrüßung – Erneuerung des Taufgelöbnisses

Bußakt

Pr.: Unsere Erstkommunion steht im Zeichen der Bienen. Was Erstkommunion mit Bienen zu tun hat? Die Kinder selbst helfen uns bei der Antwort.

1. Kind: Die Bienen leben als Volk geschlossen in einer Gemeinschaft. Auch wir Kommunionkinder fühlen uns in einer Gemeinschaft am wohlsten. Dann summen wir oft wie ein Bienenschwarm durcheinander. – Manchmal aber schließen wir einen aus. Darum rufen wir:

Pr.: Herr, erbarme dich!

Alle: Herr, erbarme dich!

2. Kind: Unsere Kommunionkerzen könnten auch aus Bienenwachs sein. Dann erfüllten sie die ganze Kirche mit ihrem Duft. – Manchmal aber bringen wir kein Licht, keine Wärme und keinen Duft. Darum rufen wir:

Pr.: Christus, erbarme dich!

Alle: Christus, erbarme dich!

3. Kind: Wo ein Bienenvolk leben kann, da ist die Natur noch gesund. – Aber die Natur ist so bedroht. Deshalb auch wir Menschen. Besonders die Kinder. Darum rufen wir:

Pr.: Herr, erbarme dich!

Alle: Herr, erbarme dich!

Pr.: Der allmächtige Gott erbarme sich unser. Er öffne uns die Augen für die Wunder an unserem Wege. Dann finden wir auch leichter den Weg in sein Reich.

Tagesgebet

Herr, unser Gott. Du hast uns als dein Volk versammelt. Aus allen Himmelsrichtungen haben wir uns hier eingefunden. Halte deine Hand über uns und schütze uns – heute und alle Tage unseres Lebens. Darum bitten wir durch Christus, unsern Herrn.

Lesung

Pr.: Die Hostie oder die hl. Kommunion können wir auch „Manna" nennen. Zwei Kommunionkinder erzählen uns die Geschichte aus dem ersten Teil der Bibel.

1. Kind: Das Volk der Israeliten hatte das Rote Meer überwunden. Jetzt waren sie befreit aus der Gefangenschaft der Ägypter.

2. Kind: Aber vor ihnen lag die weite Wüste der Halbinsel Sinai. Kaum ein Strauch. Nur die flimmernde Hitze. Und nichts zu essen.

1. Kind: Da schimpften die Leute auf ihren Führer Mose: „Wir werden hier alle umkommen! Wären wir doch in Ägypten geblieben. Da hatten wir wenigstens genug zu essen!"

2. Kind: Mose betete zu Gott. Der sprach: „Ein undankbares Volk! Aber ich bin mit euch. Das habe ich euch versprochen. Ihr sollt erfahren, dass ich euch helfe!"

1. Kind: Am nächsten Morgen lag etwas unter den Sträuchern auf dem Boden. Das konnte man essen. Es schmeckte wie Brot und Honig. Es war süß wie Honigkuchen.

2. Kind: Und die Israeliten sagten: „Man hu = was ist das?" Und deshalb nannten sie dieses süße Brot „Manna".

1. Kind: Jeden Morgen fanden sie es. Tagelang. Monatelang. Jahrelang. Bis sie in das Land Kanaan kamen: in das Land, in dem Milch und Honig flossen.

2. Kind: Da wussten die Israeliten: Gott ist mit uns. Er hat sein widerspenstiges Volk nicht aufgegeben.

Pr.: Bis wir das Paradies erreichen, ist uns auch auf dem Weg durch die Wüste des Lebens das Manna geschenkt: das heilige Brot, die Kommunion, der Leib Christi. Damit wir erfahren: Gott ist für uns da. Er gibt uns nicht auf (nach Ex 16).

Evangelium

Vorwort: Das Manna, das Jesus uns reicht, schenkt ewiges Leben.

In jener Zeit sprach Jesus: Ich bin das Brot des Lebens. Eure Väter haben in der Wüste das Manna gegessen und sind gestorben. So aber ist es mit dem Brot, das vom Himmel herabkommt: Wenn jemand davon isst, wird er nicht sterben. Ich bin das lebendige Brot, das vom Himmel herabgekommen ist. Wer von diesem Brot isst, wird in Ewigkeit leben (Joh 6,48–51a).

Oder: Joh 6,32–35 (Herr, gib uns immer dieses Brot).
Oder: Joh 6,56–58 (Das Himmelsbrot).

Sprechspiel zur Predigt

Pr.: Die Kommunionkinder halten uns die Predigt. Sie deuten uns die Bienen noch weiter auf das heutige Fest.

Die Kinder kommen mit ihrer Biene ans Mikrofon, sprechen ihren Text und geben sie dann am Bienenkorb ab, wo ein Kind oder eine Mutter sie befestigt.

1. Kind: Die Biene ist auf eine Gemeinschaft hin angelegt. Bei uns Menschen ist das so ähnlich: In einer schönen Gemeinschaft fühlen wir uns am wohlsten. –
Wir Kommunionkinder sind ein Schwarm von … (Zahl einfügen) Bienen. Wir bedanken uns für die vielen lebendigen Gruppenstunden! Hier durften wir Gemeinschaft erleben.

2. Kind: Die Bienen brauchen ein Zuhause: Im Bienenkorb fühlen sie sich wohl und geborgen. – Wir haben unser Zuhause in der Familie. Aber auch die Kirche soll für uns Christen ein Ort sein, an dem wir uns zu Hause und geborgen fühlen.

3. Kind: Früher wurde den Säuglingen bei der Taufe etwas Honig in den Mund geträufelt. Das bedeutete: Nimm in deinem Leben das Wort und das Brot von Jesus auf: Dann bleibst du gesund.

4. Kind: Eben in der Lesung hörten wir vom „Manna" in der Wüste. Es schmeckte süß wie Honigkuchen. Es hat die Israeliten 40 Jahre lang vor dem Hungertod bewahrt. So dürfen wir heute das „Manna" essen, das Jesus uns reicht. Sein Himmelsbrot schenkt uns ewiges Leben.

5. Kind: Es gibt eine Kirche in Bergheim bei Köln (St. Gereon, D-50126 Bergheim-Zieverich), da sind die Türen wie Bienenwaben gestaltet. Und darüber in den bunten Scheiben sind fliegende Bienen dargestellt. Der Architekt wollte damit sagen: Wir Menschen sind wie Bienen, die auf ein besonderes Land zufliegen. Ein Land, das von Milch und Honig fließt.

6. Kind: Dieses Land, das Paradies, hat Gott uns versprochen. Noch sind wir unterwegs in der Wüste des Lebens. Jeden Sonntag machen wir hier Rast. Dann dürfen wir das Manna essen. Es soll uns neuen Mut und neue Kraft geben, damit wir das Ziel erreichen.

7. Kind: Die Bienen sammeln bei ihren Flügen den Nektar aus den Blüten. Gleichzeitig bestäuben sie durch den Blütenstaub auf ihrem Pelz auch jede Blüte, die sie anfliegen. So helfen sie uns dabei, dass wir im Herbst reichlich ernten können. –

	Auch wir dürfen nicht im Bienenkorb der Kirche hocken bleiben. Wir fliegen nach jedem Gottesdienst in alle Welt. Das, was wir gehört und erlebt haben, sollen wir in die Welt tragen.
8. Kind:	Den Honig speichern die Bienen in den Waben. Sie leben davon besonders in den kalten Tagen des Jahres. – Auch wir sammeln auf den Feldern die Körner für das Brot und in den Weinbergen die Trauben für den Wein. Verwandelt in Christi Leib und Blut sollen sie uns Hilfe sein, besonders in den bitteren Tagen unseres Lebens.
9. Kind:	*(zeigt ein Honigglas)* Honig schmeckt nicht nur gut, er stärkt uns und hält uns auch gesund wie eine gute Arznei. – Wir danken Gott und unseren Eltern für dieses Fest: Das Wort und das Brot Gottes mögen uns ein Leben lang gesund halten und stark machen! *(Honigglas auf den Altar stellen)*

Kurze Ansprache

Pr greift *einen* Gedanken heraus, vielleicht auch aus den weiteren Gesichtspunkten, die im „Sprechspiel" der Andacht oder in der Dankmesse anklingen. Er weist zum Schluss auf die Notwendigkeit hin: Wenn die „alten Bienen" nicht vorleben, wo es langgeht, wie sollen dann die jungen den richtigen Weg finden?

Meditationsmusik

Fürbitten (Festmesse)

Pr.:	Mächtiger Gott. Wir danken dir für deine Wunder, die wir noch überall in der Natur entdecken können – Abglanz deiner Herrlichkeit! Wir rufen zu dir:
Mutter:	Bienen brauchen ein Zuhause. Hilf uns, den Kindern, die du uns anvertraut hast, zu Hause Schutz und Geborgenheit in einer guten Atmosphäre zu schenken. – *Liedruf*
1. Kind:	Bienen erzeugen Honig: Er heilt, stärkt und beugt vor. – Lass uns Christen, dem Honig gleich, ein Wohlgeschmack für unsere Welt sein. Öffne uns die Augen besonders für die Traurigen und Einsamen, für die Kranken und Hungernden. – *Liedruf*
Vater:	Bienen erzeugen Wachs, aus dem Kerzen gedreht werden können. – Hilf uns, diese Welt heller zu machen, damit die Kinder – im Lichte unseres Vorbildes – den eigenen Weg zu dir finden können. – *Liedruf*

2. Kind: Bienen sind treu: Mit ihren inneren Antennen finden sie immer wieder zu ihrem Bienenkorb zurück. –
Schenke allen Kommunionkindern das feine Gespür dafür, wie wichtig es ist, auch nach dem großen Fest sich immer wieder um deinen Altar zu versammeln, um *gemeinsam* dich zu loben und dir zu danken. – *Liedruf*

Tischmutter/-vater: Ein Bienenvolk ist stark, weil es zusammenhält und jede Biene ihrer Aufgabe nachkommt. –
So haben wir Tischmütter und -väter die Verantwortung übernommen, diese Jungen und Mädchen ein halbes Jahr zu begleiten und näher zu Jesus zu führen. Wir bitten dich, auch im Namen derer, die vor 25, 50 ... Jahren zur ersten hl. Kommunion gingen: Lass alle Christen sich in der großen Gemeinschaft der Kirche wohl fühlen. – *Liedruf*

Pr.: Denn dann erfahren wir, dass nicht nur das Wort und das Brot Christi uns eine Hilfe auf dem Wege zu dir sind, sondern auch eine gute Gemeinschaft. Und darum bitten wir ...

Gabengebet

Guter Gott. Die Gaben von Brot und Wein haben wir von Feldern und aus Weinbergen gesammelt, um sie dir zu geben. Wenn du sie uns verwandelt zurückschenkst, lass sie uns Hilfe sein auf dem Weg zu dir. Darum bitten wir ...

Einleitung zum Friedensgruß

Die Bienen müssen zusammenhalten, wenn sie als Volk bestehen wollen. Auch wir brauchen immer wieder die Zeichen der Versöhnung, wenn wir als Volk Gottes gemeinsam im „Gelobten Land" ankommen wollen. Gebt einander ein Zeichen, an dem die Bereitschaft dazu zu erkennen ist.

Meditation nach der Kommunion

Eventuell „Sprechspiel" aus der Dankmesse.

Schlussgebet

Herr, unser Gott. Du hast uns gestärkt auf unserem Weg durch die Wüste mit dem Manna des Himmels, damit wir mit neuem Mut weitergehen können. Darum bitten wir ...

Bausteine zur Andacht

Sprechspiel mit Zeichnungen

Jedes Kind zeigt sein gemaltes Bild nach allen Seiten, spricht seinen Text, den es von der Rückseite abliest, und stellt sich dann gut sichtbar mit seinem Bild zu einem Halbkreis auf.

1. Kind: *(zeigt sein Bild: Zelte in der Wüste, einige Sträucher; in deren Nähe liegen kleine Brocken von Honigkuchen auf der Erde, die von zwei bis drei Personen in Körbchen aufgesammelt werden)*

40 Jahre lang haben die Israeliten das Manna in der Wüste aufgehoben. Es schmeckte süß wie Honigkuchen. Sie brauchten auf dem Weg nicht zu verhungern. – Heute dürfen wir in der Wüste unseres Lebens das „Manna" essen, das Jesus uns reicht. Es hilft uns auf dem Weg zum ewigen Leben.

2. Kind: *(zeigt sein Bild: Eine Oase in der Wüste mit vielen Palmen, an denen Früchte hängen, und blühenden Sträuchern.)*

Die Israeliten durften in das Land, in dem Milch und Honig flossen. Damit wurde umschrieben, wie fruchtbar und schön dieses Land für sie war – wie ein Paradies. – Auch wir glauben an ein Paradies: Es hat schon die Tore für uns geöffnet. Herr, wir bitten dich: Lass uns ankommen!

3. Kind: *(zeigt sein Bild: Weizen oder eine Weizengarbe und ein Bienennest unter einem Felsvorsprung mit ein paar anfliegenden Bienen)*

Im ersten Teil der Bibel heißt es in einem Gebet: Gott spricht: „Wenn das Volk auf mich hört und auf meinen Wegen geht, dann will ich es sättigen mit bestem Weizen und Honig aus dem Felsen" (Ps 81,17). –
In der heiligen Kommunion macht Gott dieses Versprechen wahr.

4. Kind: *(zeigt sein Bild: Eine wunderschöne Blüte, z.B. eine Kastanienkerze, ganz groß gemalt, und in einzelnen Blüten die eine oder andere Biene)*

Für ein Pfund Honig muss eine einzelne Biene ungefähr dreimal um die Erde fliegen, bis sie dafür genügend Nektar gesammelt hat. Darum sagen wir auch: Fleißige Bienen. Wir können nur staunen und Gott danken für all diese Wunder an unserem Wege.

5. Kind: *(zeigt sein Bild: Weite blühende Wiese, über die Bienen fliegen; rechts oben ein Stückchen Bienenwabe, auf der eine Biene sitzt)*

Die Bienen holen den Nektar aus allen Blüten, auch aus den giftigen. Dann bringen sie den guten Honig in die Waben. Auch in unserer Welt gibt es so viel Schönes und Gefährliches. –

Hilf uns, Herr, nur das Gute herauszusuchen. Und lass uns in deine Waben bringen, was in deinen Augen wertvoll ist.

6. Kind: *(zeigt sein Bild: Ein blühender Obstbaum und daneben oder darunter ein aufgestellter Bienenkorb)*
Wenn eine Biene solch eine Nektarquelle gefunden hat, behält sie das nicht für sich: Sie beginnt auf der Wabe einen Rundtanz oder einen so genannten „Schwänzeltanz", wenn die Quelle weiter entfernt liegt. Auf diese Weise verrät sie den anderen Bienen, was sie entdeckt hat. –
Herr, lass auch uns sozial eingestellt sein: Schenke uns den Blick für die Gemeinschaft!

7. Kind: *(zeigt sein Bild: Ein klassischer Bienenkorb, der das ganze Bild ausfüllt; Bienen fliegen am Flugloch ein und aus)*
Die Bienen haben im Bienenkorb ihr Zuhause. Hier sind sie geschützt vor Kälte, Regen und den Hornissen. –
Herr, schenke allen Menschen ein Zuhause. Und lass auch die Kirche ein Zufluchtsort sein für die Menschen in den vielen Ländern der Welt.

8. Kind: *(zeigt sein Bild: Ein größerer Salzstreuer; eine Kerze auf einem Leuchter und ein Glas Honig)*
Jesus hat einmal gesagt: Ihr seid Salz und Licht der Welt. Er hätte auch rufen können: Ihr seid Honig für die Welt. –
Wie fade schmecken Speisen ohne Salz! Wie dunkel wäre die Welt ohne Licht! Und wie gesund wäre die Welt, wenn wir Christen wirklich Christen wären: Ein Honig, der heilt und stärkt!

Im Andachtsteil
des Gotteslobes fand sich nichts Treffendes, von Nr. 714 (Ps 19b) abgesehen, wo es heißt: „Die Urteile des Herrn sind kostbarer als Gold, als Feingold in Menge. Sie sind *süßer als Honig,* als Honig aus Waben."
Das brächte einen Bezug zur Dankmesse montags, in der im Wortgottesdienst das „süß wie Honig" auch auf das Wort Gottes übertragen wird. Aber sonst ist dieser Psalm zu schwierig.
Bleibt GL 779,5: Das Brot des Lebens ...

Lied zur Aussetzung
GL 547, 3. Str.: Das wahre Manna, das ist hier ...

Bausteine für die Dankmesse

Pr.: Im Wortgottesdienst wird aufgezeigt, dass wir für unseren Pilgerweg durch die Wüste neben dem Brot und der Gemeinschaft auch das *Wort Gottes* brauchen. Dieses Wort Gottes wird an einigen Stellen der Bibel mit „Honig" verglichen.
(Ps 19,11; 81,17 = GL 714; besonders Ez 3,3 wie Offb 10,9)

Lesung

In einem Buch der Bibel steht: Der Prophet Ezechiel soll die Botschaft Gottes zu seinem widerspenstigen Volk der Israeliten bringen. Diese Botschaft, aufgeschrieben auf einer Buchrolle, schmeckte ihm süß wie Honig.
Zwei Kommunionkinder lesen uns diese Stelle vor:

1. Kind: Der Prophet Ezechiel schreibt in seinem Buch: Da hörte ich eine Stimme, die sprach: „Du, Sohn eines Menschen, höre, was ich dir sage!"

2. Kind: „Ich sage dir", sprach die Stimme, „sei nicht widerspenstig wie dieses widerspenstige Volk. Vielmehr öffne deinen Mund und iss, was ich dir gebe!"

1. Kind: Und ich sah – schreibt der Prophet –, ich sah eine Hand, die war ausgestreckt zu mir; sie hielt eine Buchrolle. Gott, der Herr, rollte sie vor mir auf. Sie war innen und außen beschrieben.

2. Kind: Und die Stimme sagte noch einmal zu mir: „Menschensohn, iss, was du vor dir hast. Iss diese Rolle. Dann geh und rede zu meinem Volk Israel!"

1. Kind: Und ich öffnete meinen Mund und aß die Rolle. Die Stimme sagte: „Fülle deinen Magen und dein ganzes Inneres mit dieser Rolle!"

2. Kind: Ich aß die Rolle, und sie wurde in meinem Mund süß wie Honig.
(Nach Ez 2,8–10; 3,1–3)

Pr.: Das Wort Gottes schmeckt süß wie Honig. Darum wurde früher den Säuglingen bei der Taufe etwas Honig auf die Zunge geträufelt: Das Wort Gottes stärkt und heilt und gibt uns neuen Mut.

Evangelium

Vorwort: Wir hören jetzt Worte Jesu, die uns wie Honig über die Zunge gehen können.
Mt 5,3–12: Die acht Seligpreisungen in Auswahl.

Kurzpredigt

1. Wort und Brot, süß wie Manna, als Hilfe auf unserem Weg zu Gott.
2. Wir schauen auf den Bienenkorb und sehen in Gedanken dem geschäftigen Treiben der Bienen zu. Da gibt es eine große Arbeitsaufteilung; da herrscht Kommen und Gehen. Wer gibt die Befehle, wie werden sie weitergegeben, wo liegt die Schaltzentrale, in der zusammenläuft, wann und wo etwas zu tun ist? Wir wissen es nicht genau. Wohl wissen wir, dass die Arbeitsbienen oft ihren Beruf wechseln: Sie arbeiten als Klimaanlage und heizen oder kühlen den Stock durch Flügelschlag; sie kämpfen als Soldaten und geben zur Verteidigung der „Haustür", des Flugloches, z.B. gegen die Hornissen, ihr Leben hin; als „Pflegemütter" kümmern sie sich um die Brut und füttern die Königin, damit die weiter Tausende Eier legen kann (täglich mehr als ihr Eigengewicht!); und sie reinigen als „Raumpflegerinnen" den ganzen Stock.
   Auch die Kirche kann nur bestehen, wenn sich genügend „Arbeitsbienen" finden, um die vielfältigen Aufgaben in ihr zu übernehmen. Darum auch ein herzlicher Dank an die Mütter und Väter, die eine Gruppe vorbereitet haben. Ihr selbst, Kinder, seid eingeladen, in Zukunft irgendwo in unserer Gemeinschaft am Ort mitzuarbeiten: als Ministrant oder Ministrantin, als Mitglied in der Singschola, in einer neuen KJG-Gruppe (jetzt nähere Angaben und „Werbung"!).

Oder: Sprechspiel

1. Kind: Wir vergleichen unsere Welt einmal mit einem großen Bienenkorb. Wie ein Bienenvolk aus Tausenden Bienen besteht, so leben in jedem Land der Erde Tausende von Menschen. Und jeder Mensch hat seine Aufgabe.

2. Kind: Die Arbeitsbienen bauen Waben, pflegen die Brut, nähren das Volk, verteidigen den Eingang gegen Feinde. Sie reichen der Königin das Futter und streicheln sie, damit sie täglich bis zu dreitausend Eier legt. Das alles tun die Bienen von selbst, ohne lange zu fragen.

1. Kind: So ähnlich ist das auch mit jedem Volk: Da muss *ein* Rädchen ins andere greifen; sonst werden zu viele arbeitslos oder verhungern. – Leider sind manche Völker so beschäftigt, dass sie den Blick für das Wichtigste verlieren.

2. Kind: Eine Biene weiß zum Beispiel, dass der Imker, der Bienenvater, ihnen den Bienenkorb hingestellt hat. Sie spüren seine Fürsorge an vielen Zeichen. Sie können ihn natürlich nicht genau beschreiben. Aber jede erfahrene Biene weiß, dass es ihn gibt.

1. Kind: Wenn jetzt eine junge Biene zu einer alten sagen würde: „Ich glaube nicht an einen Bienenvater“ oder „Er hat uns kein Haus gebaut“, dann würde eine alte Biene sich ärgern, weil sie ihn ja oft schon erfahren hat.

2. Kind: Wir Menschen sind zwar keine Bienen, aber wir haben uns auch nicht selbst erschaffen. Wir haben einen Vater, der uns das Leben und den Bienenkorb, das heißt unsere Welt, geschenkt hat. Darum versammeln wir uns sonntags auch immer wieder an einem Ort, in der Kirche, um ihm dafür zu danken. So sagen wir auch jetzt: Danke, Herr, für unsere schöne Welt, in der wir deine Spuren erkennen können.

(Frei nach der 9. Sendung „Kirche“ aus der Fernsehserie „Warum Christen glauben“)

Fürbitten

Pr.: Ewiger Gott! Wir danken dir für die schönen Tage, die wir erleben dürfen. Wir schauen auf unsere Welt und bitten dich:

1. Kind: Bienen sind fleißig. – Hilf allen Menschen in der Welt, nicht müde zu werden, wenn es um Gerechtigkeit und Frieden geht. – *Liedruf*

2. Kind: Bienen sind verteidigungsbereit mit ihrem Stachel.
– Auch wir Christen brauchen uns nicht alles gefallen zu lassen. Schenke uns die richtigen Worte, wenn wir lächerlich gemacht und verleumdet werden! – *Liedruf*

1. Kind: Bienen sind rein und meiden alles Unsaubere.
– Zeige allen Menschen das Schöne und Wahre in der Welt, das sie weiterbringt. – *Liedruf*

2. Kind: Bienen bestäuben die ganze Umgebung und lassen sie fruchtbar werden. – Treibe auch uns Christen, unser Vertrauen auf dich in die Welt zu tragen. – *Liedruf*

Pr.: Denn dann loben und ehren wir dich, unseren Herrn und Gott, durch Christus, unseren Herrn.

Bleibe bei uns, Herr!

Symbol Schiff

Vorbemerkung

Siehe „Wichtige Hinweise" auf Seite 8.

Vorbereitungen

1. *Im Mittelgang* liegt auf einer blauen (= Wasser) Papierbahn für jedes Kommunionkind ein Schiff (= Lebensschiff). Zeitig genug sind ihnen zum Ausmalen diese vorgezeichneten Lebensschiffe mit Mast, Segel und Kiel mit nach Hause gegeben worden. An die Bootswand hat jedes Kind groß seinen Vornamen geschrieben.

   Der Altar kann durch eine einfache Attrappe in ein Boot verwandelt werden. Vom Mast können zu den Bootsenden Leinen gespannt werden, an denen Fähnchen vieler Nationen hängen. (Die Anfertigung der verschiedenen Fähnchen kann eine Kindergruppe übernehmen.)

   Auf eine Wand der Kirche oder eine große Tafel wurde ein großes (Segel-)Schiff gezeichnet. Die Bullaugen sind mit den Fotos der Kommunionkinder ausgefüllt. Über oder unter dem Schiff muss Platz bleiben für die Buchstaben (ca. 15 cm hoch) des Textes: Bleibe bei uns, Herr! – Bis auf acht Buchstaben, die von den Kindern beim Sprechspiel gebracht werden, sind die anderen schon angebracht.

2. Als *Kommunionandenken* ein Bronzekreuz mit einem sehr schönen Schiff beim Bonifatius-Verlag, Liboristr. 1, D-33098 Paderborn, Bestell-Nr. 142053, 10 cm. Ein Bronzekreuz mit der Aufschrift „Ich bin bei dir (euch)" wäre geeignet und wird von den verschiedensten Herstellern geliefert. Gut ist auch „Jesus im Boot", Bestell-Nr. K 63K, erhältlich bei den Ursula-Werkstätten, Egino Weinert, Marzellenstr. 42, D-50668 Köln, Tel. 02 21 / 13 54 69, Fax / 139 00 64.

Festgottesdienst

Einzug – Begrüßung – Erneuerung des Taufgelöbnisses

Tagesgebet

Vater im Himmel. Danke für deinen Sohn Jesus. Er ist die Hand, die mich Schwachen stützt; das Ohr, das meinen Hilferuf hört; der Arzt, der meine Wunden heilt; der Freund, der mich auf meinem Weg begleiten will. – Ich weiß, Jesus, dein Brot ist nicht tot. Es verbindet uns mit dir – und untereinander. Es nimmt uns die Angst. Es bannt den Tod. Es macht unser Herz weit. Wir bitten dich: Komm in unser Herz hinein. Und bleibe bei uns alle Tage unseres Lebens. Darum bitten wir durch Christus, unseren Herrn.

Lesung

Vorwort: Wir erinnern uns daran, was Jesus uns damals im Abendmahlssaal geschenkt hat und weshalb wir uns heute hier noch immer treffen:
1 Kor 11,23–26 (Abendmahlsbericht).

Evangelium

Vorwort: Das Schiff hier vorne und das Wasser mit den Booten im Mittelgang sind nicht zu übersehen. Wir hören eine Stelle aus der Hl. Schrift, in der auch ein Boot eine Rolle spielt:
Mk 4,35–41 (Sturm auf dem See).

Sprechspiel

Jetzt treten einzeln Kommunionkinder ans Mikrofon, sprechen laut und langsam ihren Text und bringen dann ihren Buchstaben an die Wand oder Tafel, damit die Überschrift „Bleibe bei uns, Herr!" durch die letzten acht Buchstaben vervollständigt wird. Die Buchstaben können willkürlich ausgewählt werden, sollten aber den Betrachter möglichst lange raten lassen.

1\. Kind: Das Schiff auf der Holzwand soll die Kirche sein. Der wichtigste Mann auf dem Schiff ist der Kapitän. Unser Kapitän ist Jesus Christus, der Herr der Kirche. Er wird uns durch alle Stürme und Ängste in den Hafen Gottes leiten.

2\. Kind: Auf dem großen Schiff muss eine gute Mannschaft sein, zum Beispiel der Steuermann, die Funker und Maschinisten, die Köche. Gemeint sind damit die Bischöfe, Priester und Diakone, Pastoral- und Gemeindereferenten und -referentinnen, Ordensbrüder und -schwestern und die vielen Helfer. Alle, die getauft sind, sollen mitanpacken.

(Hier kann die Gemeinde die 3. Strophe vom Lied „Ein Schiff, das sich Gemeinde nennt“ singen: Im Schiff muss eine Mannschaft sein … Siehe „Troubadour“, Nr. 22; neu 590.)

3\. Kind: Wir würden auf dem Schiff hungern, wenn es nicht Proviant für die große Reise gäbe. Dafür danken wir heute ganz besonders. Wir dürfen im Brot Jesus selbst empfangen. Er selbst stärkt uns mit seinem heiligen Leib für die Reise zu seinem Vater. Die heilige Kommunion gibt uns Mut in aller Not und Gefahr.

4\. Kind: Viele Freunde sind mit unterwegs. Wie schön wäre es, wenn wir auf dem Schiff *ein* Herz und *eine* Seele wären! Dann macht die Fahrt Freude. Dann bekommen auch die wieder Mut, die enttäuscht abspringen wollen.

5\. Kind: Es drohen viele Gefahren. Manchmal können die Stürme zu Orkanen werden. Aber wir vertrauen auf Jesus. Er ist auch heute unsichtbar in unserer Mitte. Er hat doch gesagt: „Warum habt ihr Angst? Ihr habt noch einen zu kleinen Glauben. Ich bin doch bei euch!“

6\. Kind: Es gibt auch Eisberge und Felsenriffe. Sie lauern tückisch unter dem Wasser. – Es gibt so viele Mächte, die sich freuen würden, wenn die Kirche unterginge. – Wir vertrauen dem Kapitän und dem Steuermann: Sie führen uns sicher durch alle Gefahren.

7\. Kind: Wir fahren auch durch Nebelbänke. Wir sind oft blind für die Schönheiten der Welt. Oder wir zweifeln daran, dass Jesus bei uns ist. – Herr, öffne unsere Augen, und gib uns klare Sicht für einen Sinn im Leben. Dein Reich komme!

8\. Kind: Oft möchten wir schon vor Anker gehen. Oder wir steuern falsche Häfen an. Oder wir meinen, das Schiff der Kirche sei schon unser Ziel. –

Herr, wir bitten dich: Lass uns unterwegs bleiben, bis wir den Hafen Gottes gefunden haben.

(Hier kann die Gemeinde die 5. Strophe des obigen Liedes singen: ... das Ziel heißt Gottes Ewigkeit ...)

Ansprache
Hier habe ich aus dem Mittelgang das Lebensschiff eines Kommunionkindes. Gerade hieß es im Lied „Und wenn uns Einsamkeit bedroht ...“ Ja, manchmal sind wir sehr allein im Meer der Zeit.

1. Dann ist es wichtig, dass ich Rückhalt verspüre. Das ist hier der Mast mit der Querstange, wo ich das Segel befestigen kann. Ihr seht: Mast und Querstange ergeben ein Kreuz: Christus ist es, der unserem Leben Rückhalt geben will, damit wir die Segel setzen können. Das geschieht nicht nur durch den Empfang der hl. Kommunion; in den sieben Sakramenten bietet er den Menschen siebenmal seine ausgestreckte Hand an, die uns über Wasser halten will.
2. Danken müssen wir auch für den Wind. Erinnert euch an Pfingsten. Der Wind ist das Symbol für den Heiligen Geist, der uns vorwärts bringen will. Wie sollen wir zum Hafen Gottes kommen, wenn es windstill bleibt? Allerdings bleibt uns die Arbeit nicht erspart: Wir dürfen nicht zu bequem sein, unsere Segel zu setzen. Auch unsere Freiheit wird nicht angetastet: Ich muss mein Segel schon so setzen, dass der Wind es erfassen und aufblähen kann. Komme ich manchmal deshalb nicht von der Stelle, weil ich mich nicht auf den Wind des Heiligen Geistes einlasse?
3. Schließlich darf ich euch auf den Kiel hier unten aufmerksam machen. Das Böse ist uns oft genauso nahe wie das Gute. Wer Segelboot fährt, weiß, wie sehr man aufpassen muss: Eine plötzliche böse Windböe kann das ganze Boot umkippen. Dann ist es gut, wenn das Boot einen großen Kiel und damit Tiefgang hat. Ob ihr „Tiefgang“ habt, hängt auch von euren Eltern ab. Haben sie euch vorgelebt, dass es in guten und bösen Tagen hinter allem Sichtbaren einen gibt, der mich halten will; der möchte, dass ich nicht untergehe?

Während uns jetzt die Instrumentalgruppe, die Orgel usw. etwas vorspielt, wollen wir noch darüber nachdenken: Welchen Mast hat mein Lebensschiff? Gibt mir Jesus Christus Rückhalt? Setze ich meine Segel in den Wind des Heiligen Geistes? Zeige ich „Tiefgang“ in guten und in bösen Tagen, weil ich auf Gott vertraue?

Instrumentalmusik

Fürbitten (Festmesse)

Pr.: Vater im Himmel. Dein Sohn ist in die Welt gekommen, damit *alle* Menschen den Hafen Gottes finden. Wir bitten dich:

Mutter: Lass unsere Kinder sich ein Leben lang auf dem Schiff der Kirche wohl fühlen. – *Liedruf*

Vater: Stärke unser Vertrauen in den Kapitän des Schiffes, und lass uns sein Angebot der heiligen Kommunion annehmen! – *Liedruf*

Tischmutter: Lass alle wieder zurückfinden, die vom Schiff der Kirche abgesprungen sind! – *Liedruf*

Kommunionkind: Auf dem Oberdeck des Weltenschiffes geht es uns so gut. Lass uns die nicht vergessen, die gedrängt und hungrig im Bauch des Schiffes auf unsere Hilfe warten. – *Liedruf*

Pr.: Dann erst können wir dir gefallen, wenn wir füreinander einstehen. Darum bitten wir durch Christus, unseren Herrn.

Gabengebet

Herr, unser Gott! In diesen Gaben von Brot und Wein komme uns ganz nahe, und nimm uns die Angst in den Stürmen des Lebens! Darum bitten wir durch Christus, unseren Herrn.

Präfation

Ja, Vater, wir danken dir besonders für deinen Sohn Jesus Christus. Er ist in die Welt gekommen, um uns den Weg zu deinem Hafen zu zeigen. Er möchte, dass *alle* Menschen diesen Hafen finden (auf *alle* Völker weisen auch hier am Altar die verschiedenen Nationalflaggen), damit einmal alle Nationen der Erde wie mit einem Mund Gott loben und ehren und singen …

Friedensgruß

Auf einem Schiff muss eine gute Mannschaft sein. Da muss jeder Handgriff sitzen, sonst ist kein großes Segel aufzuziehen. Wir zeigen jetzt, dass wir untereinander harmonieren wollen und halten einander die Hände – ja, eine große Menschenkette soll entstehen …

Oder: Wenn wir jetzt einander an die Hand nehmen, können wir eine Ankerkette bilden, die in Gott gehalten ist …

Schlussgebet mit Kindern

(Jede Zeile vorsprechen und von den Kommunionkindern laut wiederholen lassen)

Du, mein Jesus, bist mein Ziel –
bei der Arbeit und dem Spiel.
Du sollst immer mit mir gehn,
was auch immer mag geschehn.
Du, mein Jesus, bist mein Freund!
Ganz bin ich mit dir vereint.
Du in mir und ich in dir,
herzlich dank ich dir dafür.
Amen.

Bausteine für die Dankandacht

Andachtsteil

GL 781,7: Jesus zeigte seine Liebe zu den Menschen.

Sprechspiel mit Zeichnungen

Jedes Kind zeigt sein gemaltes Bild nach allen Seiten, spricht seinen Text, den es von der Rückseite abliest, und stellt sich dann gut sichtbar mit seinem Bild in einem Halbkreis auf.

1. Kind: *(zeigt sein Bild mit einem Kompass)*
Ein Schiff braucht einen Kompass, um die Richtung zum Hafen leichter einzuhalten. So brauchen wir ein Gewissen, um gute von bösen und richtige von falschen Wegen zu unterscheiden. – Herr, hilf uns dabei!

2. Kind: *(zeigt sein Bild mit Bojen)*
Manchmal muss ein Schiff an scharfen Felsriffen oder an Sandbänken vorbeisteuern. Solche Bojen helfen, gefahrlos hindurchzufinden. So haben Gott und die Kirche uns Gebote gegeben, den Weg durch alle Gefahren leichter zu finden. – Herr, lass uns erkennen, dass Gebote uns eine Hilfe sein wollen!

3. Kind: *(zeigt sein Bild mit einem Leuchtturm)*
An besonders gefährlichen Stellen zeigt ein Leuchtturm den Schiffen den Weg an. Gott schickt uns immer wieder Heilige und Vorbilder, die uns zeigen, wie wir eigentlich leben sollen. –
Dafür danken wir dir, Herr!

4. Kind: *(zeigt sein Bild mit einem Anker)*
Ein Schiff wirft in Sturm und Seenot seinen Anker. Wenn der Anker sich im Meeresboden festhakt und das Schiff halten kann, wissen die Seeleute, dass sie gerettet sind. Jetzt kann das Schiff nicht an einem Felsen zerschellen. – Der Anker ist das Zeichen der Hoffnung. Wir hoffen, in allen Stürmen des Lebens von Gott gehalten zu werden. –
Dafür danken wir dir, Herr!

5. Kind: *(zeigt sein Bild mit einem Herzen)*
Kreuz, Anker und Herz sind Symbole für Glaube, Hoffnung und Liebe. Auf einem Schiff ist es schön, wenn es dort Menschen gibt, die glauben, hoffen und lieben. Die Liebe zu Gott und untereinander ist am wichtigsten. –
Danke, Herr, für alle Menschen, die lieben!

6. Kind: *(zeigt sein Bild mit einer Taube mit dem Friedenssymbol)*
Noach sah im Schiff der Arche die Taube mit dem Ölzweig zurückkommen. Da wusste er, dass alle in der Arche gerettet waren. –
Herr, schenke uns im Sturm der Zeit oft solche Zeichen des Friedens!

7. Kind: *(zeigt sein Bild mit einem SOS-Rettungsring)*
Manchmal gerät ein Mensch in Seenot oder geht über Bord. Dann kann solch ein Rettungsring ihn über Wasser halten. –
Herr, schenke uns viele Menschen und Gedanken, die uns über Wasser halten. Dann können wir immer wieder ins Schiff der Kirche steigen: Es will uns in den Hafen Gottes bringen.

Bausteine für die Dankmesse

Evangelium

Mt 14,22–23: Wandel auf dem See (evtl. zunächst die Darstellung auf dem Kommunionandenken erfragen)

Predigt

(Der Prediger setzt sich auf einen Stuhl, macht pantomimisch Ruderbewegungen und lässt die Kinder erraten, welche Bewegungen er macht, die mit einem Boot zu tun haben. – Danach bewegt er nur *ein* Ruder und erfragt, was passiert, wenn er *nur* das rechte oder nur das linke Ruder benutzt = Er dreht sich im Kreis.)
Das will ich euch damit sagen: Ihr braucht *zwei* Ruder, wenn ihr mit eurem kleinen Lebensboot in den Augen Gottes vorwärts kommen wollt. Und diese beiden

Ruder heißen: Gottes- und Nächstenliebe. Wer nur das eine Ruder der Gottesliebe benutzt, immer in die Kirche geht und fromm betet, aber keinen Finger für seinen Nachbarn oder Nächsten rührt – besonders für den in Not –, der dreht sich in Gottes Augen nur im Kreis. Umgekehrt: Wer sehr hilfsbereit ist, sich aber keine Zeit nimmt für das Gebet, für Gott oder die Verbindung mit Jesus (um den Leib Christi zu empfangen, muss ich auch die Verbindung mit der Kirche suchen), der resigniert oft schneller, wenn er auf Undankbarkeit, Missverständnisse und Vorurteile stößt.

„Bete und arbeite!" Das ist die gesunde Mischung, sind die *beiden* Ruder, die mich am spürbarsten vorwärts bringen. Tausende von Mönchen, Ordensfrauen und anderen Christen haben uns das schon vorgelebt.

Auch im Evangelium wurde uns gesagt: Petrus konnte so lange auf dem Wasser vorwärts gehen, wie er Jesus vertraute. Als er aber nur in die Wasserwogen sah, ging er in seiner Angst unter (= mangelnde Gottesliebe). Weil Petrus später „felsenfest" vertraute, konnte er seine Brüder und Schwestern mittragen: „Du, Petrus, stärke deine Brüder und Schwestern" (Lk 22,32b = Nächstenliebe).

Alternativen zur Predigt

1. An einer kleinen Geschichte kann das Gesagte aufgezeigt werden: Fischer waren mit ihrem Boot draußen beim Fang. Da kam ein Sturm auf. Sie fürchteten sich so sehr, dass sie die Ruder wegwarfen und den Himmel anflehten, sie zu retten. Aber das Boot wurde immer weiter weggetrieben vom Ufer. Da sagte ein alter Fischer: „Warum haben wir auch die Ruder weggeworfen! Zu Gott beten *und* zum Ufer rudern – nur dies beides zusammen kann da helfen." („Kurzgeschichten 1", Nr. 103)
2. Ein Pfarrer zeigte seinen Schülern einmal, wie Menschen auch heute über Wasser gehen können. Im Mittelgang hat er zwei Reihen Kinder sich rechts und links vor mit Wasser gefüllten Eimern aufstellen lassen. Sie gaben sich über den Eimern die Hände. Und über die Hände ging ein Kind: Es ging also über Wasser! Wenn Menschen mich tragen oder mir helfen, kann ich mit den Schwierigkeiten des Lebens fertig werden; brauche ich in den Wogen des Lebens nicht unterzugehen. (Nach Wilhelm Willms)

Fürbitten (Dankmesse)

Pr.: Wir wollen die Fürbitten still mit unserem Gebet begleiten:

1. Kind: Lasst uns beten für alle, die in den Stürmen des Lebens unterzugehen drohen.

2. Kind: Gib, dass sie die ausgestreckte Hand Jesu nicht übersehen! *(Stille)*

1. Kind: Lasst uns beten für alle, die keine rettende Planke mehr sehen, die sie über Wasser halten kann. *(Stille)*

2. Kind: Gib, dass sie Menschen finden, die ihnen die Hand reichen! *(Stille)*

Pr.: Herr, erhöre unser Gebet!

Alle: Und lass unser Rufen zu dir kommen!

Anhang

Weitere Ideen für Erstkommunionfeiern

Offensichtlich sind der Phantasie der Gemeinden keine Grenzen gesetzt, am Tag der Erstkommunion anschaulich die Verbundenheit mit Christus klarzumachen. Vielleicht schicken Sie mir auch Ihre Ideen zu, damit ich sie in der Monatsmappe „Familien + Jugend-Gottesdienste", Bergmoser + Höller Verlag, Karl-Friedrich-Str. 76, D-52072 Aachen, oder – auch nur skizziert – in der Quartalszeitschrift „Kindermessbörse", Hoher Turm 5, D-31137 Hildesheim, weitergeben kann.
Meine Anschrift:
Willi Hoffsümmer, Glescher Str. 54, D-50126 Bergheim-Paffendorf, Fax 0 22 71 / 4 38 57.

In dem Buch „Zehn weitere Erstkommunionfeiern. Festgottesdienst, Andacht und Dankmesse unter einem Symbol" habe ich ähnlich wie in diesem Buch folgende Symbole entfaltet: *Hirt und Schafe, Hand, Pilgermuschel, Kerze, Bergsteigerseil, Sonnenblume, Labyrinth/Weg, Sonne, Rose, Brücke.*
Erschienen im Bergmoser + Höller Verlag, Aachen
ISBN 3-88997-073-7.
Weiterhin liegen vor in meinem Buch „Anschaulich verkünden. 30 Ideen zur kreativen Gottesdienstgestaltung", die Symbole *„Brot"* (in einer weiteren Entfaltung) und *„Mobile"*, Matthias-Grünewald-Verlag, Mainz 1998.
Außerdem können Sie bei mir als Fotokopien folgende Vorschläge bestellen: *„Haus aus lebendigen Steinen"*, *„Pusteblume"* und *„Perle in einer Muschel"*.

Hier stichwortartig weitere Entwürfe:

1. *Fußstapfen,* in denen der Name der Kommunionkinder steht, führen durch die Mitte zum Altar. Christus, der gesagt hat: „Folge mir nach!" und „Ich bin der Weg", schenkt uns seinen Leib als Speise für den Pilgerweg, damit wir genügend Kraft haben, das Ziel zu erreichen.
2. Ein großes *Haus.* Christus ist der Eckstein (= das Fundament); auf den Steinen stehen die Namen der Kommunionkinder; das Dach ist die Kirche (Bischöfe,

Priester, Gemeinschaft ...), die dafür sorgen soll, dass es nicht „hereinregnet". Durch den Mörtel der Liebe sind alle Steine miteinander verbunden. Damit wir lebendige Steine bleiben im Bau der Kirche, empfangen wir das „lebendige Brot" des Himmels.

3. Eine *Lokomotive* (= Jesus Christus, Pfarrgemeinde) zieht viele Wagen, auf deren Fenster die Bilder der Kommunionkinder geklebt sind. Es kommt darauf an, mit Jesus Christus verbunden zu bleiben. Es gibt genug, was uns „abhängen" kann. Das gemeinsame eucharistische Mahl kann die Gemeinschaft mit Christus und den anderen immer wieder erneuern. (Vgl. hier mein Buch „133 Kinderpredigten", Nr. 37.)